Elisabeth Döpp

Waffeln, Crêpes und Eierkuchen

von herzhaft bis süß

Reizvolle Rezepte
und praktischer Rat

GU
Gräfe und Unzer

Umschlag-Vorderseite
Das Titelbild soll Ihnen Lust machen auf die vielen verschiedenen Rezepte in diesem Buch. Süße und pikante Waffeln finden Sie im 1. Kapitel, gefüllte und ungefüllte, herzhafte bis süße Crêpes und Eierkuchen für alle Gelegenheiten in den anderen Kapiteln. Eine Schokoladensauce ist schnell gemacht, indem Sie Schokolade zerlassen und mit Sahne verrühren.
2. Umschlagseite
Eine klassische Spezialität aus Rußland sind Blini, hier mit Lachs und Sauerrahm. Rezept Seite 23.
3. Umschlagseite
Die Amerikanischen Frühstückswaffeln mit Bacon und Ahornsirup bieten zum herkömmlichen Frühstück eine überraschende Alternative. Rezept Seite 7.

CIP-Titelaufnahme der Deutschen Bibliothek

Döpp, Elisabeth:

Waffeln, Crêpes und Eierkuchen : von herzhaft bis süß ; reizvolle Rezepte u. prakt. Rat / Elisabeth Döpp. - 1. Aufl. - München : Gräfe u. Unzer, 1988 (GU-Küchen-Ratgeber)
ISBN 3-7742-1436-0

Redaktion: Adelheid Schmidt-Thomé
Herstellung: Robert Gigler
Farbfotos: Fotostudio Teubner
Zeichnungen: Gerlind Bruhn
Umschlaggestaltung: Heinz Kraxenberger
Satz und Druck: Appl, Wemding
Reproduktionen: Brend'amour, Simhart & Co.
Bindung: R. Oldenbourg

ISBN 3-7742-1436-0

Elisabeth Döpp

schloß ihr Studium der Germanistik mit dem Magister ab, entdeckte, nicht zuletzt auf ihren Reisen ins europäische Ausland, ihre Freude am Kulinarischen. Als Lektorin eines großen Verlages befaßte sie sich auch beruflich mit der Kunst des Kochens. Nachdem sie zahlreiche Bücher redaktionell betreut und an dem Grundkochbuch von Annette Wolter »Kochen heute« mitgewirkt hat, arbeitet sie nun als freie Kochbuchautorin und Redakteurin.
Ihre Rezeptsammlung »Griechisch kochen« wurde von der Gastronomischen Akademie Deutschlands prämiert. Frau Döpp ist Mitglied einer Vereinigung europäischer exclusiver Köche und beschäftigt sich besonders mit dem Bereich der gesunden Ernährung.

Sie finden in diesem Buch

Ein Wort zuvor

Es ist noch gar nicht so lange her, daß Crêpes über die Grenzen Frankreichs hinaus nicht bekannt waren. Lediglich die berühmten Crêpes Suzette wurden als edles Dessert serviert. Heute dagegen sind die gemütlichen Crêperien und die Crêpes-Stände auf Jahrmärkten und Stadtteilfesten eine feste Einrichtung geworden. Es macht ja auch viel Spaß, die heißen Crêpes mit den verblüffend einfachen wie köstlichen Füllungen frisch aus der Hand zu essen. Eine ähnliche Renaissance erfahren frischgebackene Waffeln.

Auch Omelettes und Pfannkuchengerichte sind wieder sehr gefragt. Kein Wunder: Sie sind preiswert, meist schnell zu machen und erstaunlich vielfältig abzuwandeln: Sie können kräftig oder zart, mächtig oder kalorienarm, rustikal oder exquisit zubereitet werden. Freunde der Vollwertkost schätzen sie nicht nur wegen der wertvollen Nährstoffe des vollen Korns, sondern auch, weil die Pfannkuchen und Waffeln aus Vollkornteig schön knusprig werden und sehr gut schmecken. Jeder, der sich bewußt ernährt, schätzt die vielen Möglichkeiten, Mahlzeiten zusammenzustellen, bei denen Fleisch nur die feine Nebensache darstellt oder gar keine Rolle spielt. Pfannkuchen, Omelettes und Crêpes lassen sich gut mit Gemüse und Obst kombinieren und bekommen dadurch noch eine besondere Note, zum Beispiel durch Sauerampfer oder Spargel.

Viele Pfannkuchengerichte sind weltberühmt geworden und haben eine lange Tradition. Die russischen Blini beispielsweise gehören zu den ältesten Gerichten der slavischen Küche und sind zu einer international geschätzten Spezialität geworden. In der Bretagne werden seit dem Mittelalter Buchweizen-Crêpes gebacken. Wie die deutschen Buchweizenpfannkuchen wurden sie statt Brot verzehrt. Heute kennt man sie fast auf der ganzen Welt.

In diesem Küchen-Ratgeber finden Sie eine Auswahl beliebter Originalrezepte, die über die Grenzen der jeweiligen Landesküchen hinaus berühmt geworden sind: Omelettes, Plinsen, Palatschinken, Blini, Tortillas, Crêpes, Frittate, Rösti, Schmarrn und viele Waffelspezialitäten. Auch neue Kreationen und Vollwert-Rezepte habe ich für Sie zusammengestellt und gebe Anregungen für passende Beilagen.

Ausführliche Beschreibungen, informative Schritt-für-Schritt-Fotos und anschauliche Zeichnungen lassen alles leicht gelingen. Die brillanten Farbfotos zeigen deutlich, wie verlockend die fertigen Gerichte aussehen. Lassen Sie sich von den vielen Möglichkeiten anregen: Experimentieren Sie mit den vielen Teigarten und mit den Backmethoden. Schmecken Sie den Unterschied zwischen einer französischen Omelette, die nur ½ Minute bei starker Hitze gebacken wird und einer spanischen Tortilla, die bei schwacher Hitze 2–4 Minuten bäckt. Probieren Sie einen dick ausgebackenen Obstpfannkuchen, und vergleichen Sie seinen Geschmack mit dem einer hauchdünnen Crêpe. Oder testen Sie die Unterschiede zwischen leichten Frühstückswaffeln, schweren gebäckähnlichen Waffeln und köstlich knusprigen Vollkornwaffeln.

Die Kapitel dieses Buches zeigen die ganze Vielfalt der Waffel- und Pfannkuchengerichte. Sie können sie zum Frühstück, als Vorspeise, als pikante oder süße Hauptmahlzeit oder als feines Dessert servieren. Auch ohne viel Übung wird es Ihnen leichtfallen, Ihre Familie und Ihre Gäste mit einem neuen leckeren Gericht zu überraschen.

Viel Spaß beim Ausprobieren und viel Freude beim Genießen wünscht Ihnen

Ihre
Elisabeth Döpp

Vor dem Start zu lesen

Je öfter Sie Omelettes, Pfannkuchen, Crêpes und Waffeln backen, um so besser werden sie Ihnen gelingen. Übung macht auch hier den Meister. All die vielen kleinen Küchentricks, die für den Erfolg nötig sind, finden Sie in den Rezepten und Tips dieses Ratgebers.

Wichtiges über Pfannen und Geräte

Eine ganz wichtige Voraussetzung für ein optimales Resultat sind die Pfannen und Geräte und ihre richtige Pflege.
Für Omelettes benötigen Sie eine spezielle **Omelettepfanne,** deren Rand abgerundet in den Boden übergeht.
Für Pfannkuchen und Crêpes sind **beschichtete oder schwere Pfannen** ideal. Das leidige Ankleben des Teigs am Boden läßt sich in ihnen leicht verhindern. Wenn Sie noch nicht so viel Erfahrung im Backen von Pfannkuchen haben, gelingen sie Ihnen am problemlosesten in kleinen Pfannen.
Am besten verwenden Sie die Omelette- und die Crêpes-Pfanne nur für diesen Zweck. Bereits kleine Unsauberkeiten in der Pfanne führen zum unerwünschten Anbacken.
Zum Crêpe-Backen gibt es auch **Tischgeräte,** die meist zusätzlich zum Grillen und für Raclette geeignet sind. Die Crêpes werden – ähnlich wie in den Crêperien – auf Platten gebacken. Wenn Sie ein bißchen Übung haben, macht damit das Crêpes-Backen in geselliger Runde viel Spaß.
Die modernen **Waffelautomaten** mit Temperaturregelung, Antihaft-Beschichtung und Überlaufrand machen das Waffelbacken ganz leicht. Neben runden Herzwaffeleisen gibt es auch Automaten mit viereckiger Form, mit denen man außerdem (mit verschiedenen Platten) noch grillen, toasten oder gratinieren kann. Mit allen Waffelautomaten können Sie gut bei Tisch backen. Mehr als 6 Gäste sollten Sie für ein Waffelessen nur einladen, wenn Sie 2 Geräte besitzen, die Sie dann gleichzeitig verwenden.
Mindestens ebenso wichtig wie die Qualität ist die **Pflege von Pfannen und Geräten.** Wischen Sie Ihre Pfannen für Omelettes, Pfannkuchen und Crêpes nach der Verwendung nur mit Küchenkrepp aus. Dann noch vorhandene Teigreste mit Hilfe von etwas Salz abreiben, jedoch kein Wasser verwenden. Pfannen, bei denen sich ein feiner Oberflächenfilm gebildet hat, garantieren ein gutes Backergebnis.
Was ist aber zu tun, wenn Sie Ihre Pfanne doch einmal mit Wasser ausgewaschen haben? Trocknen Sie die Pfanne gut ab und geben Sie sie bei schwacher Hitze auf die Kochplatte. Sobald die Pfanne warm geworden ist, pinseln Sie sie sorgfältig mit Öl ein und wischen sie mit Küchenkrepp aus; dann wegstellen.

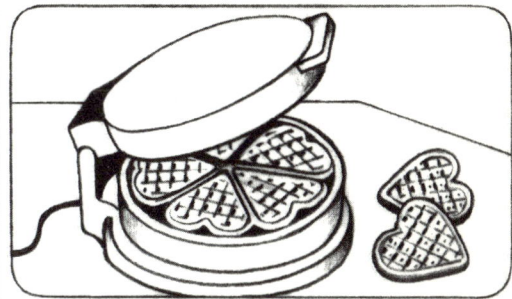

Jedes Waffeleisen bäckt anders. Backen Sie also bei Ihrem Gerät zunächst eine Probewaffel, um die optimale Temperatur und Backzeit herauszufinden.

Pfannen und Geräte mit Antihaft-Beschichtung, die ein Backen mit wenig Fett ermöglichen, dürfen nicht überhitzt werden.
Waffeleisen nach dem Benutzen geöffnet auskühlen lassen, die Teigreste ausbürsten und das Gerät außen feucht abwischen.

Aromatisierende Zutaten

Oft erhält ein Teig oder ein Gericht seinen besonderen Pfiff durch eine kleine aromatische Zutat. Hier gebe ich Ihnen einige besondere Tips.

Vanillezucker: 1 aufgeschlitzte Vanillestange in ein gut verschließbares Glas geben, mit Zucker oder Puderzucker auffüllen und das Aroma 1 Woche einziehen lassen.

Orangenzucker: 2 ausgereifte unbehandelte Orangen heiß waschen und abtrocknen. Mit 10 Stück Würfelzucker rundum abreiben. Die Würfel zerstoßen und mit 100 g Zucker vermischen. 10 Minuten ziehen lassen. – Intensiver wird der Orangenzucker, wenn Sie die Schale zusätzlich abreiben und mit dem Zucker vermischen. Auf einem Teller trocknen lassen; dann in einem verschließbaren Glas aufbewahren.

Zitronenzucker: Zubereiten wie Orangenzucker. 2 Zitronen mit 4 Stück Würfelzucker abreiben und 60 g Zucker damit würzen.

Zimt-Zucker: 60 g Zucker mit ½ Teelöffel Zimt vermischen. Bei braunem Zucker ¾ Teelöffel Zimt verwenden.

Zuckerrohrgranulat: getrockneter Pflanzensaft aus Zuckerrohr, der Mineralstoffe und Vitamine enthält. Er hat einen karamelartigen Eigengeschmack und wird gerne zum Süßen in der Vollwert-Küche benutzt.

Butter klären: Butter enthält Eiweiß und Milchzucker, die bei starker Hitze verbrennen. Deshalb muß die Butter, bevor sie länger großer Hitze ausgesetzt wird, geklärt werden. Zerlassen Sie dafür die Butter bei schwacher Hitze, tupfen Sie den Schaum mit Küchenkrepp ab, und gießen Sie die Butter ohne die Rückstände vorsichtig in eine Tasse. Statt geklärter Butter können Sie auch fertiges Butterschmalz verwenden.

Alkohol im Teig: Waffel- und Crêpe-Teig wird häufig mit Alkohol aromatisiert. Weißer Rum paßt besonders gut. Da der Alkohol beim Backen gänzlich verfliegt, sind die fertigen Waffeln und Crêpes auch für Kinder geeignet.

Tips zum Teig

Pfannkuchenteig gelingt problemlos, ohne daß sich Klümpchen bilden, wenn Sie zunächst Mehl und Flüssigkeit verrühren und dann die Eier unterrühren. Für Crêpeteig dagegen müssen Sie stets Mehl und Eier zu einem festen Kloß verarbeiten und diesen dann mit Flüssigkeit wieder verdünnen. Bleiben doch einmal Klümpchen im Teig, keine Bange, die Crêpes gelingen trotzdem.

Je mehr Eier ein Pfannkuchenteig enthält, um so kürzer ist die Ruhezeit (10–30 Minuten). Aber auch bei solchen Teigen wird in den Rezepten dieses Buchs die Anzahl der Eier mit Rücksicht auf eine zeitgemäße Ernährung möglichst knapp gehalten. Enthält der Teig relativ mehr Mehl oder ist er aus Vollkornmehl, das noch ausquillt, muß er länger ruhen (½–1 Stunde), sonst schmeckt er mehlig. Crêpeteig soll stets 1–2 Stunden ruhen.

Pfannkuchen oder Crêpes aus Teig, der mit hellem Auszugsmehl zubereitet wird, werden zart, goldgelb und weich. Sie sind für Vor- und Nachspeisen geeignet – weniger für Hauptgerichte, da sie nicht lange sättigen.

Pfannkuchen und Crêpes aus Vollkornmehl-Teig sind »bißfester«, sättigend und knusprig. Neben Ballaststoffen enthalten sie wichtige Vitamine und Mineralstoffe, die den zarten Küchlein aus hellem Mehl fehlen. Sie müssen stärker gewürzt werden und haben alles in allem eine rustikalere Note. Entsprechend dürfen die Beilagen einen intensiven kräftigen Geschmack haben. Ähnliche Unterschiede in Geschmack und Konsistenz zeigen auch Waffeln.

Waffeln für Gäste und Feste

Die Teige, aus denen Waffeln gebacken werden, sind erstaunlich unterschiedlich. Sie reichen von leichten, relativ kalorienarmen Pfannkuchenteigen für Frühstückswaffeln bis hin zu gehaltvollen Rührkuchenteigen für gebäckähnliche Nachmittagswaffeln.

Rechnen Sie – je nach Beilage – 1–3 Waffeln pro Person. Die Stückzahl in den Rezepten dieses Kapitels bezieht sich auf Herzwaffeln. Sollten Sie einmal zuviel Teig angesetzt haben, läßt er sich problemlos einfrieren.

Nicht nur zur Teestunde am Nachmittag sind Waffeln ein Erfolg; etwas Herrliches ist auch ein Waffelfrühstück. Anregungen dafür geben die Rezepte »Amerikanische Frühstückswaffeln« und »Französische Waffeln mit Früchten«. Zu Wein und Bier passen »Herzhafte Waffeln« ausgezeichnet.

Amerikanische Maiswaffeln

Zutaten für 4–6 Personen (ergibt 12 Waffeln):
2 Eßl. Butter · 150 g Mehl · 150 g Maismehl · ½ Päckchen Backpulver · Salz · 2 Eier · 1 Teel. Zucker · ⅜ l Buttermilch oder Milch
Für das Waffeleisen: geschmacksneutrales Öl
Pro Waffel etwa 540 kJ/130 kcal
5 g Eiweiß · 4 g Fett · 19 g Kohlenhydrate

- Vorbereitungszeit: etwa 10 Minuten
- Backzeit: je Waffel etwa 2 Minuten

So wird's gemacht: Die Butter bei schwacher Hitze zerlassen und abkühlen lassen. • Die Mehle mit dem Backpulver und Salz vermischen. Die Eier trennen und die Eiweiße zu Schnee schlagen. Die Eigelbe und den Zucker mit dem Handmixer cremig rühren und die Milch untermischen. Die Eiermilch mit dem

Mehl verrühren und die Butter hinzufügen. Den Eischnee unterheben.

• Das Waffeleisen vorheizen und mit Öl einpinseln. Bevor das Öl zu rauchen beginnt, mit einem Schöpflöffel Teig einfüllen. Das Waffeleisen schließen und andrücken. • Wenn kein Dampf mehr austritt, die goldbraune Waffel mit einer Gabel auf ein Kuchengitter zum Ausdampfen legen. Auf diese Weise alle Waffeln backen. • Heiß servieren.

Das paßt dazu: Ahornsirup, Apfelkompott

Amerikanische Frühstückswaffeln

Bild 3, Umschlagseite

Zutaten für 4–6 Personen:
Für 12 Waffeln: 2 Eßl. Butter · 3 Eier · 300 g Mehl Ihrer Wahl · ½ Päckchen Backpulver · 1 Eßl. Zucker oder Honig · Salz · ⅜ l Milch
Für die Beilagen: 12 Scheiben mild gewürzter Frühstücksspeck (Bacon) · 12 Eßl. Ahornsirup
Für das Waffeleisen: geschmacksneutrales Öl
Bei 6 Portionen pro Portion etwa
2300 kJ/550 kcal · 13 g Eiweiß · 26 g Fett · 66 g Kohlenhydrate

- Vorbereitungszeit: etwa 10 Minuten
- Backzeit: etwa 30 Minuten

So wird's gemacht: Für den Teig die Butter bei schwacher Hitze zerlassen und etwas abkühlen lassen. Die Eier trennen. • Das Mehl mit dem Backpulver, dem Zucker oder Honig und Salz in einer Schüssel vermischen. Die Eigelbe mit dem Handmixer verquirlen, mit der Milch und der Butter vermischen. Das Ganze unter das Mehl mischen. Die Eiweiße steif schlagen und unterheben.

• In einer kalten (!) Pfanne den Frühstücksspeck auslassen, ohne daß er bräunt oder Blasen wirft. Den Frühstücksspeck abtropfen lassen, zwischen Küchenkrepp auspressen und auf einen vorgewärmten Teller geben. • Den Ahornsirup erwärmen und in ein Kännchen füllen.
• Das Waffeleisen vorheizen und mit etwas Öl bepinseln. Bevor das Öl zu rauchen beginnt, mit einem Schöpflöffel Teig einfüllen. Das Waffeleisen schließen und andrücken. Wenn kein Dampf mehr austritt, die goldbraune Waffel auf ein Kuchengitter zum Ausdampfen geben. •
Auf einem vorgewärmten Teller mit 1 Scheibe Frühstücksspeck servieren. Mit warmem Ahornsirup beträufeln.

Vollwert-Waffeln mit Apfelscheiben

Zutaten für 6 Personen:
Für 6 Waffeln: 5 Eier · 250 g weiche Butter ·
6 Eßl. Akazienhonig oder Zuckerrohrgranulat ·
250 g Vierkornmehl oder Weizenvollkornmehl
(möglichst frisch feingemahlen) · ½ abgeriebene
Zitronenschale (unbehandelt) · Salz
Für die Äpfel: 6 säuerliche Äpfel (ungespritzt und
unbehandelt) · 300 g gemischte rote Beerenfrüchte oder Sauerkirschen · 5 Eßl. Honig · einige
Tropfen Zitronensaft
Für das Waffeleisen: geschmacksneutrales Öl
Pro Portion etwa 2900 kJ/690 kcal
12 g Eiweiß · 42 g Fett · 69 g Kohlenhydrate

● Vorbereitungszeit: etwa 30 Minuten
● Ruhezeit: etwa 30 Minuten
● Gar- und Backzeit: etwa 45 Minuten

So wird's gemacht: Für den Teig die Eiweiße und die Eigelbe trennen. Die Eigelbe verquirlen. • Die Butter mit dem Handmixer schaumig rühren und mit dem Honig oder Zuckerrohrgranulat verrühren. Die Eigelbe unterrühren. Das Mehl mit der Zitronenschale und Salz vermischen und unter Rühren einrieseln lassen. Die Eiweiße zu Schnee schlagen und unterheben. • Den Teig ruhen lassen.
• Die Äpfel waschen und abtrocknen; dann vierteln, vom Kerngehäuse befreien und ungeschält in Scheiben schneiden. Die Beerenfrüchte von Blütenansätzen und Stielen befreien, waschen und abtropfen lassen. Die Kirschen bei Verwendung waschen und entsteinen. In einem Topf den Honig mit 16 Eßlöffeln Wasser aufsetzen und bei mittlerer Hitze etwa 10 Minuten einkochen lassen. Dann die Apfelscheiben in der Hälfte des Sirups etwa 7 Minuten zugedeckt bei schwacher Hitze garen. • Die Beerenfrüchte oder Kirschen im restlichen Sirup aufkochen und bei schwacher Hitze im geschlossenen Topf 7–10 Minuten ziehen lassen.
• Für die Waffeln das Waffeleisen vorheizen und mit Öl auspinseln. Bevor das Öl zu rauchen beginnt, mit einem Schöpflöffel Teig einfüllen. Das Waffeleisen schließen und andrücken. Die fertige Waffel mit Hilfe einer Gabel auf ein Kuchengitter zum Ausdampfen legen. Auf diese Weise alle Waffeln backen. • Die Apfelscheiben aus dem Sirup heben, etwas abtropfen lassen (den Sirup zum Süßen von Getränken verwenden), pyramidenartig in einer Glasschale anrichten und mit etwas Zitronensaft beträufeln. • Die roten Früchte abtropfen lassen und die Apfelscheiben damit verzieren. Einen Teil des Sirups nach Belieben in ein Kännchen füllen, zu den Waffeln servieren.

> **Mein Tip** Verzichten Sie nicht auf das Ausdampfen der Waffeln auf dem Kuchengitter; sonst werden sie weich. Dies gilt besonders bei flüssigem Teig.

Rahmwaffeln mit Apfelschnee

Zutaten für 6 Personen:
Für 6 Waffeln: 60 g Butter · 250 g saure oder sü-
ße Sahne · 2 Eier · 50 g Haselnüsse · 1 Eigelb ·
150 g Mehl (sehr gut 75 g Mehl und 75 g
Weizenvollkornmehl) · Salz · 2 Eßl. Zucker
Für den Apfelschnee: 300 g Apfelkompott ·
1 Eiweiß
Für das Eisen: geschmacksneutrales Öl
Zum Bestreuen: 3 Teel. Zimt-Zucker aus brau-
nem Zucker nach Belieben
Pro Portion etwa 1600 kJ/380 kcal
9 g Eiweiß · 21 g Fett · 42 g Kohlenhydrate

- Vorbereitungszeit: etwa 20 Minuten
- Backzeit je Waffel: etwa 2 Minuten

So wird's gemacht: Für den Teig die Butter bei schwacher Hitze zerlassen und abkühlen lassen. • Die Sahne cremig beziehungsweise steif schlagen. • Die Eier trennen. 1 Eiweiß mit den Haselnüssen in eine Rührschüssel geben und diese mit Hilfe eines Löffel oder eines Stampfers zerdrücken. Das restliche Eiweiß steif schlagen. Die 3 Eigelbe verquirlen und mit der Sahne unter die Nüsse mischen. Das Mehl mit Salz und dem Zucker unterrühren. Die Butter untermischen und den Eischnee unterheben.
• Für den Apfelschnee das kalte Apfelkompott in eine Schüssel füllen. Das Eiweiß zu sehr steifem Schnee schlagen und unterheben.
• Das Waffeleisen vorheizen und mit Öl auspinseln. Bevor das Öl zu rauchen beginnt, mit einem Schöpflöffel Teig einfüllen, das Waffeleisen schließen und andrücken. Die fertige Waffel mit Hilfe einer Gabel auf ein Kuchengitter zum Ausdampfen legen. Nach Belieben mit Zimt-Zucker bestreut heiß servieren. Einige Löffel Apfelschnee dazu auf den Teller geben. • Auf

diese Weise alle Waffeln backen; den Teig dabei immer wieder umrühren, da die Haselnüsse nach unten sinken.

Variante: Quarkwaffeln
Statt saurer Sahne Quark verwenden. Mit 3 Eßlöffeln Milch verdünnen und zusätzlich mit ¼ geriebenen Zitronenschale und 2 Eßlöffeln weißem Rum würzen.

Vollkornwaffeln mit Sauerkirschen

Zutaten für 4–8 Personen:
Für 8 Waffeln: 50 g Butter · 200 g Weizenvoll-
kornmehl oder Vierkornmehl · Salz · 1 Prise
Backpulver · 4 Eßl. Zucker · ¼ l Milch · 3 Eier ·
½ Teel. Zimtpulver · 1 Eßl. weißer Rum nach
Belieben · 1 kleiner säuerlicher Apfel
Für die Beilagen: 1 Glas Sauerkirschen (entsteint,
etwa 600 g) · 1 Eßl. Speisestärke
Für das Waffeleisen: geschmacksneutrales Öl
Bei 8 Portionen pro Portion etwa
1200 kJ/290 kcal · 7 g Eiweiß · 9 g Fett ·
43 g Kohlenhydrate

- Vorbereitungszeit: etwa 30 Minuten
- Ruhezeit: etwa 30 Minuten
- Backzeit je Waffel: etwa 2 Minuten

So wird's gemacht: Für die Waffeln die Butter bei schwacher Hitze zerlassen und abkühlen lassen. • Das Mehl mit Salz, dem Backpulver und dem Zucker in eine Schüssel geben. Die Milch mit dem Handmixer unterrühren. • Die Eier trennen. Die Eiweiße knapp steif schlagen. Die Eigelbe verquirlen und mit dem Zimt und Rum in den Teig rühren. • Den Apfel waschen, schälen, vom Kerngehäuse befreien, grob raspeln und unter den Teig mischen. Die Butter und den Eischnee unterheben. • Den Teig ruhen lassen.

• Die Sauerkirschen abtropfen lassen. • Den Saft auf ⅛ l Flüssigkeit einkochen. Die Sauerkirschen zurück in den Saft geben. • Die Speisestärke in etwas Wasser anrühren und den Saft damit eindicken. Die Kirschen warm stellen.

• Das Waffeleisen vorheizen und mit etwas Öl einpinseln. Bevor das Öl zu rauchen beginnt, mit einem Schöpflöffel Teig einfüllen. Das Waffeleisen schließen und andrücken. Wenn kein Dampf mehr austritt, die braune Waffel mit einer Gabel auf ein Kuchengitter zum Ausdampfen legen. • Das Eisen wieder einfetten und die restlichen Waffeln genauso backen. • Die Waffeln mit einigen Löffeln Kompott belegen.

Mein Tip Geben Sie nicht zuviel Zucker in den Waffelteig, er bräunt sonst beim Backen zu schnell. Auch mit Milch angerührter Teig bräunt rasch.
Backen Sie erst eine Probewaffel. Ist diese gelungen, die anderen Waffeln in der selben Zeit backen. Hat Ihr Gerät einen Temperaturregler, stellen Sie diesen entsprechend der Backzeit der Probewaffel ein.

Französische Waffeln mit Kompottfrüchten

Zutaten für 6 Personen:
Für die Kompottfrüchte: 600 g Erdbeeren · 600 g Apfelsinen · 600 g Zucker · Saft von ½ Zitrone
Für 12 Waffeln: 120 g Butter · 4 Eier · 325 g Mehl · Salz · 40 g Puderzucker · ¼ l Milch · 8 Eßl. Sahne · 4 Schnapsgläser (80 ml) Kirschwasser oder weißer Rum

Für das Waffeleisen: geschmacksneutrales Öl
Pro Portion etwa 2800 kJ/670 kcal
14 g Eiweiß · 28 g Fett · 81 g Kohlenhydrate

● Vorbereitungszeit: etwa 45 Minuten
● Zeit zum Ziehen: mindestens 4 Stunden, am besten über Nacht
● Gar- und Backzeit: etwa 1 Stunde

So wird's gemacht: Die Erdbeeren waschen, von den Stielansätzen befreien und abtropfen lassen. Die Apfelsinen schälen (dabei alles Weiße entfernen) und in Spalten teilen; Kerne entfernen. • Inzwischen 1 l Wasser mit dem Zucker zum Kochen bringen und 10 Minuten bei mittlerer Hitze kochen lassen; dann mit dem Zitronensaft würzen. Den Sirup zu gleichen Teilen auf 2 Töpfe verteilen, aufkochen lassen und die Früchte getrennt bei schwacher Hitze darin ziehen lassen, die Erdbeeren nur 2 Minuten, die Apfelsinen 30 Minuten. • Die Früchte aus dem Sirup nehmen und abtropfen lassen. Den Sirup jeweils einkochen und abgekühlt über die Früchte gießen. Im Kühlschrank ziehen lassen – am besten über Nacht.

• Für den Teig die Butter bei schwacher Hitze zerlassen und etwas abkühlen lassen. Die Eier trennen. Die Eigelbe verquirlen. Das Mehl in eine Schüssel sieben und mit Salz und dem Puderzucker vermischen. Die Milch, die Sahne und den Alkohol mit dem Handmixer unterrühren. Die Eigelbe und die Butter untermischen. Die Eiweiße zu Schnee schlagen und unterheben.

• Das Waffeleisen vorheizen und mit etwas Öl bepinseln. Bevor das Öl zu rauchen beginnt, mit einem Schöpflöffel Teig einfüllen. Das Waffeleisen schließen und andrücken. Wenn kein Dampf mehr austritt, die fertige Waffel mit einer Gabel auf ein Kuchengitter zum Ausdampfen legen. • Die Früchte aus dem Sirup heben (diesen zum Süßen von Getränken verwenden) und separat zu den Waffeln reichen.

Vielkornwaffeln mit Bananen

Zutaten für 12 Waffeln:
125 g Butter · 80 g Maismehl · 80 g Mehl · 90 g
Vollkornweizenmehl · 3 Eier · ½ l Milch · 1 Eßl.
Zucker · Salz · ½ abgeriebene Zitronenschale
(unbehandelt) · 1 kräftige Prise Zimt ·
2 Bananen · 1 Teel. Puderzucker
Für das Waffeleisen: geschmacksneutrales Öl
Pro Waffel etwa 970 kJ/230 kcal
6 g Eiweiß · 12 g Fett · 24 g Kohlenhydrate

● Vorbereitungszeit: etwa 10 Minuten
● Ruhezeit: etwa 30 Minuten
● Backzeit je Waffel: etwa 2 Minuten

So wird's gemacht: Die Butter bei schwacher
Hitze zerlassen und etwas abgekühlt in eine
Schüssel gießen. Das Mehl unterrühren. ● Die
Eier verquirlen, bis sie hellgelb und schaumig
sind und zum Mehl rühren. Die Milch in kleinen Portionen unter Rühren zugießen, bis ein
glatter, pfannkuchenähnlicher Teig entsteht. Mit
dem Zucker, Salz, der Zitronenschale und dem
Zimt würzen. Den Teig ruhen lassen. ● Die Bananen in möglichst dünne Scheiben schneiden
und mit dem Puderzucker vermischen. Die Bananen unter den Teig geben.
● Das Waffeleisen vorheizen und mit etwas Öl
bepinseln. Bevor das Öl zu rauchen beginnt, mit
einem Schöpflöffel Teig einfüllen. Das Waffeleisen schließen und andrücken. Wenn kein
Dampf mehr austrat, die braune Waffel mit einer Gabel auf ein Gitter zum Ausdampfen legen. Auf diese Weise alle Waffeln backen.

Variante: Ananaswaffeln
Statt Bananenscheiben sehr dünne kleine Ananasscheiben mit 1 Teelöffel Orangenzucker vermischt unter den Teig geben.

Schwedische Sahnewaffeln

Zutaten für 6 Personen:
Für 12 Waffeln: 50 g Butter · 4 Eier · 500 g
Sahne · 200 g Mehl · Salz · 4 Teel. Zucker
Für das Waffeleisen: geschmacksneutrales Öl
Für die Fertigstellung: 125 g Moosbeeren oder
Preiselbeeren im Glas · 2 Teel. Puderzucker
Pro Portion etwa 2300 kJ/550 kcal
10 g Eiweiß · 38 g Fett · 40 g Kohlenhydrate

● Vorbereitungszeit: etwa 15 Minuten
● Backzeit je Waffel: etwa 2 Minuten

So wird's gemacht: Die Butter bei schwacher
Hitze zerlassen und etwas abkühlen lassen. ●
Die Eier trennen. ● Die Sahne steif schlagen. ●
Die Eigelbe mit 6 Eßlöffeln Wasser verrühren
und mit der Sahne vermischen. Das Mehl mit
Salz und dem Zucker vermischen und unterrühren. Die Butter dazurühren. Die Eiweiße zu
Schnee schlagen und unterheben.
● Das Waffeleisen vorheizen und mit Öl auspinseln. Bevor es zu rauchen beginnt, beziehungsweise wenn die Kontrolllampe erlischt, etwa 2 Eßlöffel Teig einfüllen und das Waffeleisen schließen; dann leicht andrücken. ● Die
fertige Waffel mit Hilfe einer Gabel auf ein Kuchengitter legen und ausdampfen lassen. So-
gleich eine zweite Waffel backen und ausdampfen lassen.
● Auf einen vorgewärmten Teller eine Waffel
legen und mit etwa 2 Eßlöffeln Moosbeeren
oder Preiselbeeren bestreichen. Die zweite Waffel darauflegen, mit dem Puderzucker leicht besieben und servieren. Auf diese Weise alle Waffeln backen und anrichten.

Das paßt dazu: Schlagsahne

Hessische Zimtwaffeln

Mit Mineralwasser zubereitete Waffeln bleiben hellbraun. Backen Sie sie bei niedrigeren Temperaturen.

Zutaten für 8 Waffeln:
4 Eier · 70 g weiche Butter · 80 g Zucker ·
200 g Mehl (oder 100 g Mehl und 100 g Weizenvollkornmehl) · Salz · 1 Prise Backpulver ·
1 Teel. Zimt · 1 Eßl. Sahne oder Milch ·
⅛ l Mineralwasser oder Weißwein (oder eine Mischung aus beidem)
Für das Waffeleisen: geschmacksneutrales Öl
Zum Bestreuen: Puderzucker
Pro Waffel etwa 1000 kJ/240 kcal
6 g Eiweiß · 11 g Fett · 28 g Kohlenhydrate

● Vorbereitungszeit: etwa 15 Minuten
● Backzeit je Waffel: etwa 3 Minuten

So wird's gemacht: Die Eier trennen. Die Eigelbe verrühren. • Die Butter mit dem Handmixer schaumig rühren. Die Eigelbe und den Zucker nach und nach unterrühren. • Das Mehl mit Salz, dem Backpulver und dem Zimt vermischen und unter Rühren in die Eimasse einrieseln lassen. Die Flüssigkeit untermischen. Die Eiweiße zu Schnee schlagen und unterheben. • Das Waffeleisen vorheizen und mit etwas Öl einpinseln. Bevor das Öl zu rauchen beginnt, mit einem Schöpflöffel Teig einfüllen, das Waffeleisen schließen und andrücken. Wenn kein Dampf mehr austritt, die fertige braune Waffel mit einer Gabel auf ein Kuchengitter zum Ausdampfen geben. • Nach Belieben mit Puderzucker bestreut servieren.

Das paßt dazu: Schokolade- und Vanilleeis mit Kiwischeiben

Herzhafte Käsewaffeln
Bild Seite 27

Zutaten für 12 Waffeln:
100 g Butter · 3 Eier · 250 g Mehl Ihrer Wahl ·
Salz · frisch gemahlener Pfeffer · ½ l Milch ·
1 Teel. gehackte Petersilie · 200 g geriebener
Cheddar-Käse, Emmentaler oder Greyerzer/Gruyère
Für das Waffeleisen: geschmacksneutrales Öl
Pro Waffel etwa 1000 kJ/240 kcal
10 g Eiweiß · 15 g Fett · 17 g Kohlenhydrate

● Vorbereitungszeit: etwa 10 Minuten
● Backzeit je Waffel: etwa 2 Minuten

So wird's gemacht: Die Butter bei schwacher Hitze zerlassen und etwas abkühlen lassen. Die Eier trennen. • In einer Schüssel das Mehl mit Salz und Pfeffer mischen. Die Eigelbe verquirlen und mit der Milch unter das Mehl mischen. Die Petersilie, den Käse und die Butter unter den Teig rühren. Die Eiweiße zu steifem Schnee schlagen und den Eischnee unterheben. • Das Waffeleisen vorheizen und mit etwas Öl einpinseln. Bevor das Öl zu rauchen beginnt, mit einem Schöpflöffel Teig einfüllen. Das Waffeleisen schließen und andrücken. Wenn kein Dampf mehr austritt, die fertige Waffel auf ein Kuchengitter zum Ausdampfen legen.

Das paßt dazu: weißer oder roter Landwein oder Bier

Variante: Schinkenwaffeln
Statt Käse mild gewürzten Schinkenspeck, in feine Streifen geschnitten, untermischen. Den Teig zusätzlich mit 1 Prise Paprikapulver und 1 Schnapsglas (2 cl) weißem Rum würzen.

Omelettes, kleine Pfannkuchen und Crêpes sind als Vorspeisen gut geeignet. Die spanische Tortilla und die italienischen Eierkuchen beispielsweise können Sie warm oder kalt servieren.

Omelette mit Sauerampfer

Sauerampfer erhalten Sie schon häufig auf Wochenmärkten. Achten Sie darauf, daß Sie Pflanzen mit saftigen grünen Blättern und zarten Stielen kaufen, die nicht zu groß sind. Und wenn Sie selber sammeln: nicht zu nah an viel befahrenen Straßen!

Zutaten für 2 Personen:
Für den Sauerampfer: 30 g Sauerampfer · 2 Teel. Butter
Für die Omelette: 2 Teel. Butter · 3 Eier · Salz · frisch gemahlener Pfeffer
Pro Portion etwa 920 kJ/220 kcal
10 g Eiweiß · 19 g Fett · 1 g Kohlenhydrate

- Vorbereitungszeit: etwa 10 Minuten
- Garzeit: etwa 15 Minuten

So wird's gemacht: Den Sauerampfer waschen, kleinschneiden, dabei die Stiele entfernen und abtropfen lassen. • Die Butter in einem kleinen Topf bei starker Hitze heiß werden lassen. Bevor sie zu bräunen beginnt, den Sauerampfer hineingeben und bei schwacher Hitze darin etwa 5 Minuten dünsten; dann gut abtropfen lassen.
• Für die Omelette die Butter in einer Pfanne bei schwacher Hitze zerlassen und etwas abkühlen lassen. Die Eier mit einer Gabel schlagen, bis sich Eiweiß und Eigelb vermischt haben; dabei darf kein Schaum entstehen. Mit Salz und Pfeffer würzen und bis auf ½ Teelöffel die But-

ter sowie den Sauerampfer unterrühren. • Die absolut saubere Omelette-Pfanne mit der restlichen Butter auspinseln - auch den Rand - und bei starker Hitze heiß werden lassen. Die Eimasse in die Pfanne schütten. Sobald die Unterseite fest wird, diese mit der Gabel anheben und die flüssige Masse darunterfließen lassen. Diesen Vorgang einige Male wiederholen. Zwischendurch die flüssige Eimasse mit dem Gabelrücken verrühren, ohne die Unterseite zu zerreißen. Außerdem die Pfanne fortwährend schütteln, um die Omelette locker zu behalten. Wenn die Omelette am Rand trocken wird, in der Mitte aber noch feucht ist, die Pfanne schräg halten und die Omelette auf den vorgewärmten Teller rollen lassen; dabei mit dem Gabelrücken nachhelfen.

Das paßt dazu: Baguette und ein grüner Salat mit frischen Kräutern

> **Mein Tip** Da Omelettes bei starker Hitze gebacken werden, sind sie blitzschnell - in etwa ½ Minute - fertig. Bakken Sie zunächst einige Omelettes für sich selbst, bis Sie genug Übung haben, daß es auch für Gäste gut klappt.
> Am besten schmecken Omelettes aus 3 Eiern; sie gelingen mit 2-6 Eiern gut.

Variante: Omelette mit Zwiebeln
Statt Sauerampfer 1 kleingeschnittene und in Butter glasig gedünstete Zwiebel sowie ½ Teelöffel frisch gehackte Petersilie untermischen.

Variante: Omelette natur
Ganz klassisch ist die Omelette natur. Dafür bereiten Sie die Omelette ohne den Sauerampfer. Die Oberfläche der fertigen Omelette wird dann mit 10 g zerlassener Butter bestrichen.

Schweizer Jura-Omelette

Zutaten für 2 Personen:
1 mittelgroße gekochte Kartoffel · ½ kleine
Zwiebel · 20 g magerer durchwachsener Speck ·
2 Teel. Butter · 2–3 Eier (je nach Größe) · 1 Eßl.
Milch · 1 Teel. Sahne · Salz · frisch gemahlener
Pfeffer · 60 g gewürfelter Jura-Käse oder Em-
mentaler Käse nach Belieben
Pro Portion etwa 1500 kJ/360 kcal
18 g Eiweiß · 28 g Fett · 10 g Kohlenhydrate

● Vorbereitungszeit: etwa 15 Minuten
● Garzeit: etwa 15 Minuten

So wird's gemacht: Die Kartoffel schälen und
kleinwürfeln. • Die Zwiebel schälen und kleinschneiden. Den Speck in kleine Streifen schneiden. • 1 Teelöffel Butter bei schwacher Hitze
zerlassen und den Speck darin anziehen lassen,
ohne daß Butter oder Speck zu bräunen begin-
nen. Die Zwiebel darin glasig braten und die
Kartoffelwürfel mit anbraten, dann abtropfen
lassen. • Die Eier mit der Milch und der Sahne
kurz verquirlen, ohne daß sich Schaum bildet,
salzen und pfeffern. Den Käse hinzufügen. •
Die restliche Butter in einer Omelettpfanne bei
starker Hitze heiß werden lassen. Bevor sie zu
bräunen beginnt, die Speckkartoffeln kurz bei

Mein Tip Möchten Sie statt einer großen Omelette mehrere kleine backen, verwenden Sie am besten eine Omelette-
pfanne von etwa 15 cm Durchmesser. Die
Eimasse bereiten Sie wie für eine große
Omelette vor und portionieren mit einem
Schöpflöffel.

starker Hitze aufbraten; dann die Eimasse hin-
zuschütten. Damit die Eimasse gleichmäßig
stockt, diese mit dem Gabelrücken bewegen, ohne die Unterseite anzureißen. Sobald sie am
Rand fest zu werden beginnt, die Omelette mit
dem Spatel anheben und flüssige Eimasse un-
terlaufen lassen. Dann wenden und von der
zweiten Seite goldgelb braten. Die Omelette soll
innen noch weich sein, da sie nachgart. • Auf
vorgewärmtem Teller heiß servieren.

Das paßt dazu: Stangenweißbrot und trockener
Weißwein

Spargel-Omelette

Ergibt mit Spargelresten eine zweite Mahlzeit.

Zutaten für 2 Personen:
Für den Spargel: 2 Teel. Butter · 3–4 gekochte
Spargelstangen (etwa 150 g)
Für die Omelette: 2 Teel. Butter · 3 Eier · Salz ·
frisch gemahlener Pfeffer
Pro Portion etwa 920 kJ/220 kcal
12 g Eiweiß · 19 g Fett · 2 g Kohlenhydrate

● Vorbereitungszeit: etwa 5 Minuten
● Garzeit: etwa 10 Minuten

So wird's gemacht: Für den Spargel die Butter
in einem Topf bei mittlerer Hitze zerlassen. Den
Spargel in etwa 3 cm lange Stücke schneiden
und in der Butter bei schwacher Hitze im geschlossenen Topf erwärmen. Nach etwa 5 Minuten vom Herd nehmen.
• Inzwischen für die Omelette die Butter bei
schwacher Hitze zerlassen und etwas abkühlen
lassen. Die Eier mit einer Gabel schlagen, ohne
daß sich Schaum bildet. Mit Salz und Pfeffer
würzen und bis auf ½ Teelöffel die Butter unterrühren. • Die absolut saubere Omelette-Pfanne

mit der restlichen Butter auspinseln – auch am Rand – und bei starker Hitze heiß werden lassen. Die Omelettemasse in die Pfanne schütten. Sobald die Unterseite fest wird, diese mit einer Gabel anheben und etwas von der flüssigen Eimasse darunterfließen lassen. Diesen Vorgang mehrmals wiederholen. Zugleich die Pfanne vor und zurück schütteln, um die Omelette locker zu behalten. Außerdem mit dem Gabelrücken die Eimasse kreisend bewegen, ohne die Unterseite anzureißen. Wenn die Omelette am Rand trocken wird, in der Mitte aber noch feucht ist, die warmen Spargelstücke daraufgeben und die Omelette auf einen vorgewärmten Teller geben.

Italienische Gemüse-Omelette

Die flache Omelette heißt auf italienisch Frittata. Sie schmeckt heiß oder kalt. Braten Sie am besten die ganze Aubergine, da sich eine Hälfte schlecht aufbewahren läßt. Die Scheiben halten sich im Kühlschrank mehrere Tage und ergeben mit Knoblauchjoghurt eine gute Vorspeise.

Zutaten für 4 Personen:
½ längliche Aubergine · 1 reife Tomate · 1 grüne Paprikaschote · Salz · 1 Zwiebel · 1 Kartoffel · 4 Eßl. Olivenöl · frisch gemahlener Pfeffer · 5 Eier
Pro Portion etwa 930 kJ/220 kcal
10 g Eiweiß · 16 g Fett · 9 g Kohlenhydrate

- Vorbereitungszeit: etwa 20 Minuten
- Zeit zum Ziehen: etwa 20 Minuten
- Garzeit: etwa 45 Minuten

<u>So wird's gemacht:</u> Das Gemüse waschen und abtrocknen. Von der Aubergine den Stielansatz und das Blütenende abschneiden. Die Aubergi-

nen quer in etwa ½ cm dicke Scheiben schneiden, auf einen Teller legen und mit Salz bestreuen. Die Auberginenscheiben mit einem weiteren Teller beschweren und ziehen lassen, damit die Bitterstoffe ausgeschwemmt werden. • Inzwischen die Tomate oben kreuzweise einritzen und den grünen Stielansatz ausstechen. Die Tomate kurz in kochendes Wasser legen, dann häuten und würfeln, dabei die Kerne entfernen. • Die Paprikaschote halbieren, entkernen, von den weißen Rippen befreien und würfeln. Die Zwiebel schälen und kleinschneiden. Die Kartoffel waschen, schälen und ebenfalls würfeln. • 1 Eßlöffel Olivenöl in einer beschichteten kleinen Pfanne bei mittlerer Hitze heiß werden lassen. Die Kartoffelwürfel darin bei schwacher Hitze braten. Die Zwiebel hinzufügen und beides etwa 15 Minuten dünsten, dabei ab und zu wenden. Die Paprikaschote und die Tomate etwa 5 Minuten mit andünsten, salzen und pfeffern. Dann das Ganze abtropfen lassen und die Bratflüssigkeit auffangen. • Die Auberginenscheiben abbrausen und trockentupfen. In einer großen Pfanne das restliche Öl bei starker Hitze heiß werden lassen und die Auberginen darin bei mittlerer Hitze von beiden Seiten goldbraun

Mein Tip Hier ein Küchentrick für das Wenden von flachen Omelettes: Sobald die Eimasse am Rand fest wird und in der Mitte gerade zu stocken beginnt, die Omelette mit dem Spatel vom Pfannenrand und -boden lösen, in der Pfanne locker schütteln und auf einen Teller oder Deckel gleiten lassen, der die Pfanne abdecken kann. Die Pfanne auf den Teller stülpen, das Ganze umdrehen und die nun gewendete Omelette auf der zweiten Seite backen. Siehe auch die Zeichnung auf Seite 42.

braten, dann abtropfen lassen. • Die Eier verquirlen, salzen, pfeffern und mit dem gewürfelten Gemüse vermischen. • 1 Eßlöffel aufgefangenes Bratöl in einer beschichteten oder schweren Pfanne bei starker Hitze heiß werden lassen. Die Auberginenscheiben auf dem Pfannenboden verteilen und die Ei-Gemüse-Masse darauf gießen. Die Frittata glattstreichen und bei mittlerer Hitze langsam von beiden Seiten goldgelb backen.

Das paßt dazu: gemischter Salat und Brot

Spanische Kartoffel-Tortilla
Bild nebenstehend

Tortilla española heißt diese herzhafte Kartoffel-Omelette. Außer Zwiebeln, die immer hineingehören, geben die Spanier gern auch kleingeschnittenen Schinken, Wurstscheiben und Tomatenwürfel hinein. Das Öl läßt man übrigens zum Großteil abtropfen.

Zutaten für 2 Personen:
500 g Kartoffeln · 1 kleine Zwiebel ·
¼ Knoblauchzehe · 1 Eßl. frisch gehackte
Petersilie · 5 Eßl. Olivenöl · Salz · frisch
gemahlener Pfeffer · 2 Eier
Pro Portion etwa 1500 kJ/360 kcal
12 g Eiweiß · 17 g Fett · 41 g Kohlenhydrate

● Vorbereitungszeit: etwa 10 Minuten
● Garzeit: etwa 25 Minuten

So wird's gemacht: Die Kartoffeln waschen, schälen und kleinschneiden. Die Zwiebel und die Knoblauchzehe schälen, kleinschneiden und mit der Petersilie vermischen. • In einer beschichteten oder schweren Pfanne das Öl bei

starker Hitze heiß werden lassen. Bevor es zu rauchen anfängt, die Kartoffeln hineinschütten und dann bei mittlerer Hitze die Zwiebel, die Knoblauchzehe sowie die Petersilie untermischen. Mit Salz und Pfeffer würzen. Die Kartoffeln in etwa 20 Minuten goldgelb braten, ohne daß sie am Pfannenboden ankleben. • Die Eier in einer großen Schüssel verquirlen und mit Salz und Pfeffer würzen. Die Kartoffeln mit einem Schaumlöffel aus der Pfanne heben und zum Abtropfen in ein Sieb geben; dann unter die Eier mischen. • Etwa 2 Teelöffel des in der Pfanne verbliebenen Bratöls erneut bei starker Hitze heiß werden lassen und die Kartoffel-Eimasse hineinschütten. Die Kartoffeln mit einem Spatel flach zu einer Torte drücken und die Tortilla dann bei schwacher Hitze von beiden Seiten in je 1–2 Minuten goldbraun backen. • Die Tortilla heiß oder kalt servieren; dazu wie einen Kuchen in Stücke schneiden.

Das paßt dazu: gebratene Champignons, gewürzte Oliven, eingelegte oder gebratene Paprikaschoten, Fisch oder Meeresfrüchte in pikanter Sauce sowie Fleischbällchen – kurzum eine Auswahl der kleinen Vorspeisen-Häppchen, der in Spanien beliebten »tapas«. Dazu gehört Sherry.

Variante: Tortilla mit Zwiebeln
Für die Füllung ausschließlich 1 große Zwiebel kleingeschnitten 10 Minuten glasig braten und in die Eimasse geben.

Die spanische Kartoffel-Tortilla ist ganz einfach ▷ zuzubereiten und schmeckt heiß und kalt, als Vorspeise, Zwischenmahlzeit oder bei einem Picknick. Rezept auf dieser Seite.

Mexikanische Tortillas mit heißer Chilisauce

Bild nebenstehend

Mexikanische Tortillas sind keine Omelettes wie die spanischen Tortillas, sondern dünne Fladen. Sie werden aus einem Spezialmehl hergestellt, das Sie nur selten kaufen können. Für dieses Rezept habe ich eine Mischung aus Mais- und Weizenmehl ausprobiert, mit der die Tortillas gut gelingen. In der Variante finden Sie eine köstliche Tortilla aus Weizenmehl.

Zutaten für 6 Personen:
Für 12 Tortillas von 13-15 cm ⌀ :
130 g Mehl · 120 g Maismehl · Salz
Für die Chilisauce: 4 reife Tomaten · 1 Knob-
lauchzehe · 1 Zwiebel · 2 Eßl. Öl · 2 Eßl.
Tomatenmark · ½ Teel. Chilipulver/Cayenne-
pfeffer · Salz · ½ Teel. Zucker · 3 Teel. Essig ·
½ Teel. Kreuzkümmel/Mutterkümmel (Reform-
haus) · 1 Prise Rosenpaprikapulver · 1 Teel.
Koriandergrün oder glattblättrige Petersilie
Pro Portion etwa 790 kJ/190 kcal
5 g Eiweiß · 4 g Fett · 33 g Kohlenhydrate

- Vorbereitungszeit: etwa 1½ Stunden
- Ruhezeit: etwa 20 Minuten
- Garzeit: etwa 40 Minuten

So wird's gemacht: Für die Tortillas das Mehl und das Maismehl vermischen und in eine Schüssel sieben. Mit dem Salz vermischen und eßlöffelweise 200 ml lauwarmes Wasser unterarbeiten, bis ein weicher Teig entsteht. Diesen etwa 5 Minuten kneten, bis er nicht mehr klebt, dann in der Schüssel, von einem Tuch bedeckt, etwa 20 Minuten ruhen lassen.

• Inzwischen die Chilisauce zubereiten: Die Tomaten waschen, oben kreuzweise einritzen und die Stielansätze ausstechen. Die Tomaten kurz in kochendes Wasser legen, dann häuten und kleinwürfeln, dabei die Kerne entfernen. Die Knoblauchzehe schälen. Die Zwiebel schälen und kleinhacken. • Das Öl in einem Topf bei starker Hitze heiß werden lassen und die Zwiebel darin bei mittlerer Hitze glasig braten. Dann die Knoblauchzehe mit der Knoblauchpresse hineinquetschen und die Tomaten unterrühren. Das Tomatenmark mit 6 Eßlöffeln Wasser vermischen und zu den Tomaten geben. Mit dem Chilipulver oder Cayennepfeffer, Salz, dem Zucker, dem Essig, dem Kreuzkümmel/Mutterkümmel und dem Paprikapulver würzen. Das Koriandergrün oder die Petersilie untermischen. Alles aufkochen lassen und dann zugedeckt bei schwacher Hitze etwa 10 Minuten köcheln lassen. Dann warm stellen.

• Aus dem gegangenen Teig 12 Kugeln formen und auf einer mit Maismehl bestreuten Arbeitsfläche zu Fladen von etwa 15 cm Durchmesser ausrollen. Bei mittlerer Hitze in einer beschichteten oder schweren Pfanne je Seite etwa 1 Minute backen. Wenn der Teig Blasen wirft, diese niederdrücken. • Die Tortilla in einer mit einem Tuch ausgeschlagenen Schüssel eingehüllt warm stellen. So verfahren, bis alle Tortillas gebacken sind. • Die Sauce noch einmal kurz erhitzen und als Dip zu den Tortillas reichen.

Das paßt dazu: Oliven, Salat, Paprikastreifen, Tomatenachtel und saure Sahne oder Joghurt

Variante: Mexikanische Weizentortilla
Statt mit einer Mischung aus Mais- und Weizenmehl den Teig aus 225 g Weizenmehl, 2 Eßlöffeln Öl, Salz, 1 Teelöffel Backpulver und ⅛ l lauwarmem Wasser zubereiten.

◁ Knusprige Tortillas mit heißer Chilisauce sind in Mexiko als Vorspeise beliebt. Rezept auf dieser Seite.

Spanische Tortilla mit Pilzen

Zusammen mit einigen Scheiben kaltem Braten oder Brathähnchen wird ein kompletter Imbiß (gut auch als Picknick) daraus. Auch diese Tortilla schmeckt kalt sehr gut.

Zutaten für 2 Personen:
125 g junge Champignons · einige Tropfen Zitronensaft · 1 Eßl. Butter · 2 Eßl. Fleischbrühe oder Wasser · Salz · frisch gemahlener Pfeffer · 3 Eier · 1 Eßl. Olivenöl
Pro Portion etwa 950 kJ/230 kcal
12 g Eiweiß · 20 g Fett · 1 g Kohlenhydrate

● Vorbereitungszeit: etwa 15 Minuten
● Garzeit: etwa 15 Minuten

So wird's gemacht: Die Champignons putzen, gründlich unter fließendem Wasser waschen und in dünne Scheiben schneiden. ● Den Zitronensaft, die Butter und die Fleischbrühe oder das Wasser in einem Topf zum Kochen bringen und die Champignons hineingeben. Die Pilze salzen und pfeffern, umrühren und im geschlossenen Topf bei schwacher Hitze 6–10 Minuten dünsten; dann abtropfen lassen; die Flüssigkeit auffangen. ● Die Eier verquirlen, salzen und pfeffern. Das Öl in einer beschichteten oder schweren Pfanne bei starker Hitze heiß werden lassen. Die Pilze unter die Eier mischen und, bevor das Öl zu rauchen beginnt, alles in die Pfanne schütten. Die Tortilla dann bei mittlerer Hitze von beiden Seiten in etwa 1–2 Minuten goldgelb backen. ● Heiß oder kalt servieren; dazu wie eine Torte in Stücke schneiden.

Das paßt dazu: grüner Blattsalat mit kleinen Tomaten

Roquefort-Crêpes

Durch den Roquefort werden die Crêpes im Geschmack recht scharf. Deshalb sollten Sie bei einem Gästeessen zusätzlich die milden Spinat-Crêpes aus der Variante anbieten.

Zutaten für 6 Personen (ergibt 12 Crêpes von etwa 15 cm ⌀):
125 g Mehl (oder 80 g Mehl und 30 g Weizenvollkornmehl) · 2 Eier · Salz · Rosenpaprikapulver · 1 Prise frisch gemahlener Pfeffer · ⅛ l Bier · ⅛ l Milch · 1½ Eßl. geschmacksneutrales Öl · 50 g Roquefort
Pro Portion etwa 710 kJ/170 kcal
7 g Eiweiß · 8 g Fett · 16 g Kohlenhydrate

● Vorbereitungszeit: etwa 20 Minuten
● Quellzeit: etwa 2 Stunden
● Backzeit: etwa 3 Minuten je Crêpe

So wird's gemacht: Das Mehl in eine Schüssel geben und in die Mitte eine Mulde drücken. Die Eier trennen und die Eigelbe mit Salz, dem Paprikapulver und Pfeffer verrühren. In die Mehlmulde geben und mit dem Mehl vermischen. Nach und nach mit dem Handmixer das Bier, die Milch und 1 Eßlöffel Öl unter den Teig rühren. Dann etwa 2 Stunden ruhen lassen. ● Die Eiweiße zu steifem Schnee schlagen. Den Roquefort mit einer Gabel zerdrücken oder – falls Sie eine feine Verteilung wünschen – durch ein Sieb pressen. Den Teig mit 2 Eßlöffeln Wasser aufschlagen und den Käse sowie den Eischnee untermengen. ● Den Backofen zum Warmhalten auf 80° vorheizen. ● Eine beschichtete oder schwere Pfanne mit etwas Öl auspinseln und bei starker Hitze heiß werden lassen. Mit einem Schöpflöffel Teig einfüllen und diesen durch rasches Schwenken der Pfanne gleichmäßig dünn verteilen. Die Crêpe dann bei mittlerer Hitze backen. Sobald sie auf der Unterseite goldgelb ist, mit dem Spatel wenden und auf der zweiten Seite fertig backen. Die Crêpe in der Pfanne zum Halbmond falten und diesen nochmals zum Fächer zusammenklappen. Im Backofen (Umluft: 50°) in einer Form in Pergamentpapier oder eine Serviette gehüllt warm stellen. So fortfahren, bis alle Crêpes gebacken sind.

Das paßt dazu: Salat, gebratene Pilze und Rotwein

Variante: Spinat-Crêpes
Statt Käse 125 g Spinat waschen, verlesen und 5 Minuten kochen. Den abgekühlten Spinat gut abgetropft im Mixer fein pürieren und in den Teig rühren.

Crêpes mit Senfsauce

Diese kleinen Crêpes, in die Speck oder Wurst eingebacken wird, schmecken auch Kindern sehr gut. Wegen der recht langen Backzeit bereiten Sie am besten mehrere Crêpes gleichzeitig zu und halten sie im Backofen warm.

Zutaten für 6 Personen:
Für 6 Crêpes von etwa 15 cm ⌀ : 100 g Mehl und 25 g Weizenschrot (oder 125 g Mehl) · 10 g Hefe · ½ Teel. Zucker · 1½ Eßl. Butter · ⅟₁₆ l Milch · Salz · 2 Eier · 50 g Frühstücksspeck (oder 50 g würzige Hartwurst)
Für die Senfsauce: 150 g Crème fraîche · Salz · frisch gemahlener Pfeffer · ¼ Teel. Senf · einige Tropfen Zitronensaft
Pro Portion etwa 1100 kJ/260 kcal
7 g Eiweiß · 19 g Fett · 17 g Kohlenhydrate

- Vorbereitungszeit: etwa 1 Stunde
- Ruhezeit: etwa 1½ Stunden
- Backzeit je Crêpe: etwa 20 Minuten

So wird's gemacht: Das Mehl in eine große Schüssel sieben, das Schrot dazugeben und in die Mitte eine Vertiefung drücken. Die Hefe hineinbröckeln und mit ⅟₁₆ l lauwarmem Wasser, dem Zucker und etwas Mehl zu einem Hefevorteig verrühren. Den Vorteig mit etwas Mehl bestreuen und unter einem Tuch bei Raumtemperatur 20 Minuten gehen lassen. • Die Butter bei schwacher Hitze zerlassen. Die Milch erwärmen und mit Salz unter den Vorteig und das übrige Mehl mengen. Die Eier verquirlen und untermischen. 1 Eßlöffel Butter unterrühren, den Rest für die Fertigstellung beiseite stellen. • Den Speck oder die Wurst in kleine Streifen schneiden und in einer kalten Pfanne bei schwacher Hitze auslassen, ohne daß die Streifen bräunen. Auf einem Sieb abtropfen lassen. • Den Backofen zum Warmhalten auf 80° vorheizen. • Eine kleine beschichtete oder schwere Pfanne von etwa 15 cm Durchmesser mit etwas zerlassener Butter einpinseln und bei mittlerer Hitze heiß werden lassen. Mit einem Schöpflöffel 1 Portion Teig hineingeben und durch Schwenken der Pfanne und Glattstreichen dünn verteilen. Die Hitze reduzieren und, sobald die Unterseite fest zu werden beginnt, etwas Speck oder Wurst darauf verteilen. Dann noch 1 zusätzlichen Löffel Teig darübergeben. Wenn der Teig nach insgesamt etwa 7 Minuten fest geworden ist, die Crêpe wenden und in 10 Minuten fertig backen. • Die Crêpe in einer mit Pergamentpapier oder einer Serviette ausgeschlagenen Form im Backofen (Umluft: 50°) zugedeckt warm halten. • Die übrigen Crêpes genauso zubereiten. • Während die letzte Crêpe bäckt, für die Senfsauce die Crème fraîche bei mittlerer Hitze in einem Topf erhitzen. Mit Salz, Pfeffer und dem Senf abschmecken. Zum Servieren mit einigen Tropfen Zitronensaft aufschlagen. • Die Crêpes und die Senfsauce zusammen servieren.

Das paßt dazu: grüner Salat und Cidre

Türkische Zucchini-Küchlein

Mücver heißen diese Küchlein in der Türkei, wo sie bei Groß und Klein gleichermaßen beliebt sind.

Zutaten für 4 Personen:
500 g Zucchini · 1 Zwiebel · 2 Eier · Salz ·
frisch gemahlener Pfeffer · 1 Prise Rosenpaprika-
pulver · 2 Eßl. Mehl · 1 Eßl. frisch gehackte
Petersilie · 2 Teel. frisch gehackte Minze (oder
1 Prise getrocknete) · Olivenöl zum Braten
Pro Portion etwa 450 kJ/110 kcal
6 g Eiweiß · 6 g Fett · 8 g Kohlenhydrate

● Vorbereitungszeit: etwa 30 Minuten
● Garzeit pro Küchlein: etwa 3 Minuten

So wird's gemacht: Die Zucchini waschen, leicht schaben, waschen und die Stiel- und Blütenenden abschneiden. Die Zucchini feinreiben. Die Zwiebel schälen und reiben. • Die Eier in einer Schüssel verquirlen, mit Salz, Pfeffer und dem Paprikapulver würzen und das Mehl unterrühren. Die Zucchini, die Zwiebel, die Petersilie und die Minze mit Salz und Pfeffer würzen und untermischen. • In einer beschichteten oder schweren Pfanne 2 Eßlöffel Olivenöl erhitzen. Bevor das Öl zu rauchen beginnt, die Zucchini-Ei-Masse löffelweise hineingeben und jeweils 2–3 Küchlein gleichzeitig bei mittlerer Hitze von beiden Seiten goldgelb backen. Gut auf Küchenkrepp abtropfen lassen, da sie sonst ölig schmecken.

Das paßt dazu: mit Salz, Pfeffer und frisch gepreßtem Knoblauch gewürzter Joghurt, frisches türkisches Fladenbrot – warm aufgebacken – und Anisschnaps (Raki)

Sizilianische Käseküchlein

Frittatine, Eierküchlein, nennen die Italiener kleine Vorspeisen-Omelettes. Sie gelingen in einer kleinen Omelette-Pfanne von etwa 15 cm Durchmesser besonders gut. Portionieren Sie die Eimasse mit dem Schöpflöffel und backen Sie, je nach Übung, 3–6 möglichst glatte, runde Eierküchlein.

Zutaten für 4 Personen:
250 g Pecorino-Käse, ersatzweise Greyerzer/
Gruyère · 3 Eier · Salz · frisch gemahlener
Pfeffer · ½ Teel. frisch gehackte Minze · 1 Eßl.
frisch gehackte Petersilie · 1 Zweiglein Minze mit
schönen Blättern · 3 Teel. Olivenöl zum Braten
Pro Portion etwa 1100 kJ/260 kcal
14 g Eiweiß · 22 g Fett · 1 g Kohlenhydrate

● Vorbereitungszeit: etwa 10 Minuten
● Garzeit: etwa 10 Minuten

So wird's gemacht: Den Käse reiben. Die Eier verquirlen und mit Salz, Pfeffer, der Minze, der Petersilie und dem Käse vermischen. • Etwas Öl in einer kleinen Omelette-Pfanne bei starker Hitze heiß werden lassen. Bevor sie zu bräunen beginnt, eine kleine Portion der Eimasse in die Pfanne schütten und rundschwenken. Dann die Omelette bei mittlerer Hitze auf beiden Seiten goldgelb backen. Auf einer vorgewärmten Platte warm halten. • Die übrigen Omelettes ebenso backen. • Die Platte vor dem Servieren mit einigen schönen Minzeblättchen am Rand garnieren.

Das paßt dazu: gemischter Salat und Brot, dazu ein leichter Rotwein

Blini mit Lachs und Sauerrahm

Bild 2. Umschlagseite

Zu festlichen Gelegenheiten werden Blini, Buchweizenplinsen auf russische Art, mit Kaviar serviert, aber auch roher Schinken und Stückchen von hartgekochtem Ei passen ausgezeichnet dazu – oder Räucherlachs.

Zutaten für 6 Personen:
Für 25–30 Plinsen von etwa 10 cm ⌀ :
15 g Hefe · 450 ml lauwarme Milch ·
130 g Buchweizenmehl · 1 Teel. Zucker ·
2 Eßl. Butter · 2 Eier · 150 g saure Sahne ·
160 g Mehl · Salz
Zum Braten: 3 Eßl. geschmacksneutrales Öl
Für die Beilagen: 60 g Butter · 200 g Räucherlachs · 100 g saure Sahne oder Joghurt
Pro Portion etwa 2000 kJ/480 kcal
18 g Eiweiß · 27 g Fett · 43 g Kohlenhydrate

- Vorbereitungszeit: etwa 40 Minuten
- Ruhezeit: etwa 3 Stunden
- Garzeit je Plinse: etwa 12 Minuten

So wird's gemacht: Die Hefe in 375 ml Milch auflösen. Das Buchweizenmehl und den Zucker unterrühren und den Teig 1 Stunde zugedeckt bei Raumtemperatur gehen lassen. • Dann die Butter bei schwacher Hitze zerlassen. Die Eier trennen. Die Eigelbe mit der Butter, der sauren Sahne und der restlichen Milch unter den gegangenen Teig rühren. Das Mehl, Salz und das angesetzte Buchweizenmehl untermischen. Das Ganze erneut zugedeckt bei Raumtemperatur 1 Stunde unter einem Tuch ruhen lassen. • Die Eiweiße steif schlagen und unter den Teig mischen, diesen nochmals zugedeckt bei Raumtemperatur 1 Stunde ruhen lassen. • Den Backofen auf 80° vorheizen.

• Für die Beilagen die Butter zerlassen und warm stellen. • In einer Pfanne Öl bei mittlerer Hitze heiß werden lassen und durch Schwenken der Pfanne gut verteilen. Je Plinse 2 Eßlöffel oben vom Teig abnehmen, damit dieser nicht zusammenfällt und in die Pfanne geben. In etwa 6 Minuten dünne Plinsen backen, bis sie unten braun sind und oben Löcher entstehen; dann wenden und von der zweiten Seite nochmals 6 Minuten backen. Den Pfannkuchen mit etwas zerlassener Butter beträufeln und im Backofen auf einer Platte warm stellen.
• Zum Servieren die restliche Butter separat reichen. Den Räucherlachs auf einer Platte und die saure Sahne oder den Joghurt im Schälchen servieren. Die Blini heiß auftragen.

Mein Tip Sie können den Teig während der zweiten Ruhezeit auch über Nacht oder länger in den Kühlschrank stellen und dann für die dritte Ruhezeit wieder etwa 1 Stunde warm stellen. Kürzen Sie die Backzeit nicht ab, sonst schmeckt die Hefe durch. Auch Crêpe-Teige können Sie angerührt in den Kühlschrank stellen und 1 Stunde vor der Zubereitung bei Zimmertemperatur stehen lassen.

Hauptgerichte mit und ohne Fleisch

Mit herzhaften Omelettes und Eierkuchen lassen sich köstliche und preiswerte Hauptgerichte zubereiten, die wenig oder kein Fleisch enthalten. Wichtig für eine ausgewogene Ernährung ist die Kombination mit Gemüse, Kartoffeln oder Salat. Hier gibt das nachfolgende Kapitel viele Anregungen.

Grundlage der Omelettes und Eierkuchen sind die Eier. Je frischer sie sind, desto besser schmeckt das Ergebnis. Die Anzahl der Eier ist in den Rezepten möglichst klein gehalten, da wir bei unserer heutigen Lebensweise eher wenig Eier (3–4 Stück pro Woche) essen sollten.

Bauernfrühstück mit Möhren und Erbsen

Zutaten für 4 Personen:
750 Kartoffeln · 2 mittelgroße Möhren · 100 g junge Erbsen ohne Schoten · Salz · 2 Prisen Zucker · 1 Zwiebel · 200 g gekochtes Rindfleisch · 3 Eier · frisch gemahlener Pfeffer · 1 Eßl. Milch · 1 Eßl. Butter · 1 Eßl. frisch gehackte Petersilie
Pro Portion etwa 1400 kJ/330 kcal
21 g Eiweiß · 11 g Fett · 36 g Kohlenhydrate

● Vorbereitungszeit: etwa 30 Minuten
● Garzeit: etwa 50 Minuten

So wird's gemacht: Die Kartoffeln waschen und von Wasser bedeckt in etwa 30 Minuten knapp gar kochen; dann schälen und in Würfel schneiden. • Inzwischen die Möhren waschen, schaben und in Würfel schneiden. Die Möhren und die Erbsen getrennt in wenig Wasser aufkochen, das jeweils mit Salz und 1 Prise Zucker gewürzt ist. Die Erbsen im geschlossenen Topf in etwa 7 Minuten, die Möhren in etwa 15 Minuten »bißfest« garen. • Die Zwiebel schälen und kleinschneiden. Das Rindfleisch in kleine Würfel schneiden. Die Eier mit Salz und Pfeffer sowie der Milch verquirlen. • In einer großen Deckelpfanne die Butter bei starker Hitze heiß werden lassen. Bevor sie zu bräunen beginnt, die Zwiebel hineingeben und bei mittlerer Hitze glasig braten. Die Kartoffeln kurz mit anbraten, salzen und pfeffern. Dann das Rindfleisch hinzufügen und die Möhren, die Erbsen sowie die Petersilie unterrühren und abschmecken. Die verquirlten Eier darübergießen und das Ganze zu einer Torte drücken und zugedeckt bei schwacher Hitze etwa 15 Minuten stocken lassen. Auf eine vorgewärmte Platte stürzen und heiß servieren.

Das paßt dazu: saure Gurke und gemischter Salat; dazu ein kühles Bier und Bauernbrot

Berner Rösti

Zutaten für 4 Personen:
1 kg knapp gegarte Pellkartoffeln · 1 Zwiebel · 2 Eßl. geklärte Butter (siehe Seite 6) oder Butterschmalz · Salz · frisch gemahlener Pfeffer
Pro Portion etwa 1000 kJ/240 kcal
5 g Eiweiß · 7 g Fett · 40 g Kohlenhydrate

● Vorbereitungszeit: etwa 15 Minuten
● Garzeit: etwa 45 Minuten

So wird's gemacht: Die Kartoffeln schälen und grob raspeln. Die Zwiebel schälen und würfeln. • In einer beschichteten oder schweren Pfanne bei starker Hitze die geklärte Butter erhitzen und die Zwiebel darin bei mittlerer Hitze glasig braten. Die Kartoffeln mit Salz und Pfeffer würzen, in die Pfanne geben und mit dem Spatel glatt pressen. Etwa 7 Minuten backen, bis die Kartoffeln heiß sind und sich eine Kruste zu bilden beginnt. Dann einen flachen, gut schließenden Deckel direkt auf die Rösti legen und bei schwacher Hitze etwa 10 Minuten unten goldbraun braten. Die Rösti mit Hilfe eines Tellers wenden (Tip Seite 15). Den Deckel auflegen und die Rösti 15–20 Minuten goldbraun backen.

Variante: Rösti mit Speck
50 g durchwachsenen Speck, in Streifen geschnitten, unter die Kartoffeln mischen.

Baskische Omelette mit Croûtons

Die baskische Omelette heißt in Frankreich Pipérade. Das Gemüse hierfür läßt sich im voraus zubereiten. Das Gericht wird traditionell in einer feuerfesten Form zubereitet, in der Sie es gleich auftragen können.

Zutaten für 4 Personen:
Für das Gemüse und den Schinken: 1 Zwiebel ·
1 Knoblauchzehe · 5 reife Tomaten · 1 grüne und
2 rote Paprikaschoten · 2 Eßl. Olivenöl · Salz ·
frisch gemahlener Pfeffer · 150 g roher, mild gewürzter Bauernschinken (speziell: Bayonner Schinken)
Für die Croûtons: 4 Scheiben Vollkorn-Toastbrot · 4 Teel. Olivenöl
Für die Omelette: 6 Eier · Salz · Pfeffer · 1 Teel. Olivenöl · ½ Teel. frisch gehackte Petersilie
Pro Person etwa 1900 kJ/450 kcal
22 g Eiweiß · 31 g Fett · 20 g Kohlenhydrate

● Vorbereitungszeit: etwa 40 Minuten
● Garzeit: etwa 30 Minuten

So wird's gemacht: Die Zwiebel und die Knoblauchzehe schälen und kleinschneiden. Die Tomaten waschen, oben kreuzweise einritzen und die grünen Stielansätze ausstechen. Die Tomaten kurz in kochendes Wasser legen, häuten, würfeln, dabei die Kerne entfernen. Die Paprikaschoten waschen, halbieren, von Kernen und Rippen befreien und würfeln. ● Das Olivenöl in einer Pfanne bei starker Hitze heiß werden lassen. Bevor es zu rauchen beginnt, die Zwiebel hineingeben und bei mittlerer Hitze glasig braten. Die Paprikaschote hineingeben und etwa 8 Minuten anbraten. Die Knoblauchzehe und die Tomaten hinzufügen, mit Salz und Pfeffer würzen und alles zugedeckt bei schwacher Hitze etwa 10 Minuten dünsten; dann bei starker Hitze kochen, bis alle Flüssigkeit verdampft ist; warm halten. ● Inzwischen die Schinkenscheiben in 5–7 cm lange Stücke schneiden und in einer kalten Pfanne bei schwacher Hitze auslassen, nicht bräunen; dann warm halten.
● Die Toastscheiben im Toaster goldgelb rösten und ausdampfen lassen. Die Brote entrinden und mit zwei diagonal geführten Schnitten in Dreiecke teilen. ● Das Olivenöl bei mittlerer Hitze heiß werden lassen und die Brotscheiben darin je Seite etwa 1½ Minuten braten; dabei mit dem Spatel hin und her bewegen, damit sie nicht anbrennen. Auf Küchenkrepp abtropfen lassen.
● Die Eier verquirlen, salzen und pfeffern. Eine feuerfeste Form mit dem Öl auspinseln und das Speckfett darin bei mittlerer Hitze erwärmen. Die Eimasse hineinschütten und mit einem Holzlöffel verrühren, bis sie gleichmäßig cremig ist. Die Eimasse abseits vom Herd mit drei Viertel des Gemüses vermischen. Das restliche Gemüse dekorativ in die Mitte setzen und die Schinkenstücke rundum legen. Mit der Petersilie bestreuen. ● Sofort heiß servieren und die Croûtons separat dazu reichen.

Das paßt dazu: einige Knoblauchzehen, mit denen sich jeder nach Belieben die Croûtons einreiben kann. Zusätzlich Salz und Pfeffer für die Croûtons, außerdem gemischter Salat

Pfannkuchenröllchen mit Blattspinat

Dieses Gericht mit Buchweizenpfannkuchen ergibt für die doppelte Anzahl von Personen eine herrliche Vorspeise.

Zutaten für 4 Personen:
Für 9 Pfannkuchen von etwa 20 cm ⌀:
60 g Buchweizenmehl · 80 g Mehl (oder 60 g Weizenvollkornmehl) · ¼ l Milch · 10 Eßl. Mineralwasser · Salz · 2 Eier · 1 Eßl. Öl
Für die Füllung: 300 g Blattspinat · ½ Zwiebel · ½ Knoblauchzehe nach Belieben · 1 Eßl. Öl · Salz · frisch gemahlener Pfeffer · 1 Prise frisch geriebene Muskatnuß
Für die Fertigstellung: Öl · 1 Ei · 1⁄16 l Sahne · 1⁄16 l Milch · Butter · 1 Eßl. Parmesankäse
Pro Portion etwa 1500 kJ/360 kcal
14 g Eiweiß · 19 g Fett · 32 g Kohlenhydrate

● Vorbereitungszeit: etwa 1 Stunde
● Ruhezeit: etwa 1 Stunde
● Backzeit: etwa 55 Minuten

So wird's gemacht: Für die Pfannkuchen das Buchweizenmehl und das Mehl, die Milch, das Mineralwasser und Salz mit einem Handmixer verrühren. Die Eier verquirlen und unter den Teig mischen. Das Öl unterrühren. Den Teig ruhen lassen.
● Nachdem der Teig etwa 40 Minuten geruht hat, für die Füllung den Spinat verlesen, waschen und abtropfen lassen. Die Zwiebel und die Knoblauchzehe schälen und kleinschneiden. ● In einem Topf das Öl bei starker Hitze heiß werden lassen. Die Zwiebel hineingeben und bei schwacher Hitze glasig braten. Die Knoblauchzehe kurz mit andünsten. Den Spinat hinzufügen, mit Salz, Pfeffer und dem Muskat würzen und zugedeckt 5–10 Minuten garen.

Dann abtropfen lassen.
● Eine beschichtete oder schwere Pfanne mit etwas Öl einpinseln und bei starker Hitze heiß werden lassen. Teig hineingeben, durch Schwenken der Pfanne gleichmäßig dünn verteilen und bei mittlerer Hitze backen. ● Den Pfannkuchen während des Backens vom Pfannenrand her lösen. Nach etwa 1½ Minuten den Pfannkuchen mit Hilfe eines Tellers (Tip Seite 15) wenden und von der zweiten Seite backen. Den Pfannkuchen auf einen Teller gleiten lassen und warm stellen. Auf diese Weise weitere 8 Pfannkuchen backen. ● Den Backofen auf 200° vorheizen. ● Die Pfannkuchen bis auf einen auf einer Arbeitsfläche ausbreiten, mit dem Spinat belegen und zusammenrollen. Die Rollen mit einem scharfen Messer in jeweils 3 cm breite Röllchen schneiden. Eine gebutterte Form (möglichst rund, von 20 cm Durchmesser) mit dem letzten Pfannkuchen auslegen und die Röllchen aufrecht hineinstellen. ● Das Ei verquirlen und mit der Sahne, der Milch, Salz und Pfeffer verrühren und über die Pfannkuchenröllchen gießen. Mit dem Parmesankäse bestreuen, in den Backofen (Mitte; Umluft: 170°) schieben und etwa 30 Minuten backen.

Das paßt dazu: frischer Salat und geräucherte Forellenfilets oder geräucherter Lachs

Wenn Ihnen der Sinn nach herzhaften Waffeln steht: ▷ Käsewaffeln sind raffiniert und pikant. Mit einem bunten Salat ergeben sie eine ausgefallene Mahlzeit. Rotwein und Bier schmecken sehr gut dazu. Rezept Seite 12.

Gefüllte mexikanische Tortillas

Bild nebenstehend

Zutaten für 4 Personen:
Für die Bohnen: 200 g rote Bohnen · 1 Knoblauchzehe
Für 12 Tortillas: 130 g Mehl · 120 g Maismehl · Salz
Für die Hackfleischsauce: 1 Zwiebel · 4 reife Tomaten · 1 grüne Paprikaschote · 1 Knoblauchzehe · 3 Eßl. Olivenöl · 200 g Rinderhackfleisch · 2 Eßl. Tomatenmark · ¼ Teel. Kreuzkümmel/Mutterkümmel (Reformhaus) · Salz · frisch gemahlener Pfeffer · ¼ Teel. Zucker
Für die Fertigstellung: 2 Eier · 1 Prise Zimt · Salz · Öl zum Braten · 30 g geriebener Emmentaler Käse
Pro Portion etwa 2100 kJ/500 kcal
26 g Eiweiß · 20 g Fett · 53 g Kohlenhydrate

- Einweichzeit: etwa 12 Stunden
- Vorbereitungszeit: etwa 1½ Stunden
- Ruhezeit: etwa 20 Minuten
- Garzeit: etwa 2¾ Stunden (einschließlich der Garzeit für die Bohnen)

So wird's gemacht: Die Bohnen über Nacht von Wasser bedeckt einweichen lassen. • Am Zubereitungstag die Bohnen abgießen und von frischem Wasser bedeckt aufkochen. Die Knoblauchzehe schälen und mit der Knoblauchpresse zu den Bohnen quetschen. Zugedeckt bei schwacher Hitze etwa 2½ Stunden kochen lassen.

• Inzwischen für die Tortillas das Mehl und das Maismehl vermischen und in eine Schüssel sieben. Mit Salz vermischen und eßlöffelweise 200 ml lauwarmes Wasser unterarbeiten, bis ein weicher Teig entsteht. Diesen etwa 5 Minuten kneten, bis er nicht mehr klebt; dann in der Schüssel von einem Tuch bedeckt etwa 20 Minuten ruhen lassen.

• Wenn die Bohnen etwa 2 Stunden gekocht haben, für die Hackfleischsauce die Zwiebel schälen und hacken. Die Tomaten waschen, oben kreuzweise einritzen und die Stielansätze ausstechen. Die Tomaten kurz in kochendes Wasser legen, häuten und kleinschneiden, dabei entkernen. Die Paprikaschote waschen, halbieren, vom Stielende, den Rippen und den Kernen befreien. Die Paprikaschote in kleine Würfel schneiden. Die Knoblauchzehe schälen. • In einem Topf 2 Eßlöffel Öl bei starker Hitze heiß werden lassen. Die Zwiebel hineingeben und bei mittlerer Hitze glasig garen. Das Hackfleisch hineingeben und kräftig braten. Die Knoblauchzehe mit der Knoblauchpresse hineinquetschen und die Paprikaschote sowie die Tomaten hinzufügen. • Das Tomatenmark mit 6 Eßlöffeln Wasser verrühren und untermischen. Mit dem Kreuzkümmel, Salz, Pfeffer und dem Zucker abschmecken. Die Sauce bei schwacher Hitze 15 Minuten im offenen Topf köcheln lassen. • Die Bohnen abgießen, salzen und 1 Eßlöffel Olivenöl unterrühren. Die Bohnen zerstampfen und mit dem Handmixer zermusen; dann unter die Hackfleischsauce mischen. Die fertige Sauce warm stellen.

• Aus dem gegangenen Teig 12 Kugeln formen und auf einer mit Maismehl bestreuten Arbeitsfläche zu Fladen von etwa 15 cm Durchmesser ausrollen. • Bei mittlerer Hitze in einer beschichteten oder schweren Pfanne je Seite etwa 1 Minute backen. Wenn der Teig Blasen wirft,

◁ Gefüllte mexikanische Tortillas sind zwar etwas zeitaufwendig. Der Genuß der mit Hackfleisch-Bohnen-Sauce gefüllten Röllchen ist jedoch die Mühe wert. Diese Röllchen werden Enchiladas genannt. Rezept auf dieser Seite.

diese niederdrücken. Alle Tortillas auf diese Weise backen und in einem Tuch warm halten.
• Für die Fertigstellung die Eier mit dem Zimt, Salz und 1 Eßlöffel Wasser verquirlen. Die Tortillas mit dieser Eimischung bestreichen, mit zwei Drittel der Füllung belegen, einrollen und mit Zahnstochern zusammenstecken. Die restliche Sauce wieder warm stellen. • In eine Pfanne etwa 1 Finger hoch Öl füllen und bei mittlerer Hitze heiß werden lassen. Die Enchiladas hineinlegen und von allen Seiten goldgelb braten. Das dauert etwa 2 Minuten. Die Enchiladas abtropfen lassen. • Die Röllchen in einer vorgewärmten Schüssel anrichten; die restliche Sauce darübergießen und den Käse darüberstreuen.

Das paßt dazu: ein gemischter Salat auf mexikanische Art mit grünem Salat, Radieschen, Zwiebelringen und Tomaten- und Möhrenscheiben in Essig-Öl-Sauce

Französischer Kartoffelkuchen

Kartoffel-Galette heißen diese Reibekuchen auf französische Art, die Sie auch als Vorspeise reichen können – dann als Küchlein und begleitet etwa von einem grünen Salat mit Nüssen.

Zutaten für 4 Personen:
800 g Kartoffeln · 50 g Mehl · ½ Knoblauchzehe · 1 kleine Zwiebel nach Belieben · 1 Ei · Salz · frisch gemahlener Pfeffer · 1 Prise frisch geriebene Muskatnuß · 2 Teel. frisch gehackte Petersilie · 2 Eßl. Olivenöl
Pro Person etwa 1000 kJ/240 kcal
7 g Eiweiß · 6 g Fett · 41 g Kohlenhydrate

● Vorbereitungszeit: etwa 30 Minuten
● Backzeit: etwa 15 Minuten

So wird's gemacht: Die Kartoffeln schälen, reiben, abtropfen lassen, in ein Tuch geben und leicht ausdrücken. Die Kartoffeln mit dem Mehl vermischen. • Die Knoblauchzehe schälen und mit der Knoblauchpresse zerquetschen. Die Zwiebel schälen und reiben. Das Ei mit Salz, Pfeffer, dem Muskat und der Petersilie verrühren. Zusammen mit der Knoblauchzehe und Zwiebel unter die Kartoffeln mischen. • In einer beschichteten oder schweren Pfanne 4 Kartoffelkuchen backen: jeweils ½ Eßlöffel Öl bei starker Hitze heiß werden lassen und ein Viertel der Teigmenge hineingeben, glattstreichen und bei mittlerer Hitze von beiden Seiten goldbraun backen. Das dauert je Seite 3–4 Minuten. Den Kartoffelkuchen in ein Tuch gehüllt warm halten. Die restlichen Kuchen genauso backen; eventuell vor dem Auftragen alle nochmals kurz aufbacken. • Heiß servieren.

Das paßt dazu: auf jeden Kartoffelkuchen ein Spiegelei, mit Tomatensauce garniert

Bretonischer Buchweizenpfannkuchen

Aus der Bretagne stammen die mit Buchweizenmehl zubereiteten Crêpes, die auch Buchweizen-Galettes heißen. Sie können sie mit zerlassener, gesalzener Butter bestreichen und als Vorspeise servieren (dann für 6 Personen) oder mit einem Auberginen-Gemüse wie in diesem Rezept oder mit einer Ratatouille als Hauptgericht reichen.

Zutaten für 4 Personen:
Für 4 Pfannkuchen von etwa 20 cm Ø :
125 g Buchweizenmehl · 1 Ei · Salz
Für das Auberginengemüse: 750 g Auberginen ·

Salz · 750 g Tomaten · 7 Eßl. Olivenöl · 2 Eßl.
Mehl · 1 Knoblauchzehe · frisch gemahlener
Pfeffer · 1 Eßl. frisch gehackte Petersilie
Für die Fertigstellung: 2 Eßl. Öl
Pro Portion etwa 1500 kJ/360 kcal
8 g Eiweiß · 19 g Fett · 40 g Kohlenhydrate

- Vorbereitungszeit: etwa 40 Minuten
- Ruhezeit: etwa 2 Stunden
- Garzeit: etwa 25 Minuten

So wird's gemacht: Das Buchweizenmehl in eine Schüssel geben. Das Ei mit Salz verquirlen; dann mit dem Mehl verrühren. ¼ l heißes Wasser mit Hilfe des Handmixers in kleinen Portionen unterarbeiten, bis ein glatter Teig entsteht. • Den Teig ruhen lassen.
• Inzwischen das Gemüse zubereiten. Dafür die Auberginen waschen, schälen und in Scheiben schneiden. Mit Salz bestreuen und mit einem Teller beschwert etwa 20 Minuten stehen lassen, um die Bitterstoffe auszuschwemmen. Die Tomaten waschen und die grünen Stielansätze ausstechen. Die Tomaten vierteln und die Kerne ausdrücken. • 6 Eßlöffel Öl in einer Pfanne bei starker Hitze heiß werden lassen. Das Mehl in einen flachen Teller geben. Die Auberginenscheiben abbrausen, trockentupfen und in dem Mehl wenden; dann im heißen Öl von beiden Seiten braun braten und auf Küchenkrepp gut abtropfen lassen. • In einer zweiten Pfanne 1 Eßlöffel Öl bei starker Hitze heiß werden lassen. Die Tomaten darin bei mittlerer Hitze kurz von beiden Seiten braten; dann ebenfalls abtropfen lassen. • Die Knoblauchzehe schälen und mit der Knoblauchpresse zerquetschen. Die Auberginen und die Tomaten in eine der beiden Pfannen zusammengeben, mit dem Knoblauch, Salz und Pfeffer abschmecken und mit der Petersilie bestreuen; dann warm stellen.
• Den Backofen auf 200° vorheizen. • Den Teig mit 1 Eßlöffel Öl und 2 Eßlöffeln Wasser aufschlagen. Eine beschichtete oder schwere Pfanne mit etwas Öl auspinseln und bei starker Hitze heiß werden lassen. Mit einem Schöpflöffel Teig in die Pfanne geben und diesen durch Schwenken der Pfanne gleichmäßig dünn verteilen. Den Buchweizenpfannkuchen bei mittlerer Hitze backen. Mit dem Spatel dabei vom Rand lösen und kräftig an der Pfanne rütteln, damit nichts anklebt. Wenn nach etwa 1½ Minuten der Kuchen unten braun ist und oben Blasen wirft, mit dem Spatel wenden und von der zweiten Seite backen. Den Kuchen in ein Tuch gehüllt warm halten. • Die restlichen Kuchen genauso backen. Vor dem Servieren etwa 5 Minuten in den Backofen (Umluft: 170°) geben. Die Buchweizenpfannkuchen auf vorgewärmte Teller geben, mit Gemüse belegen, zusammenklappen und sofort auftragen.

Das paßt dazu: gemischter Salat und trockener Landwein

Mein Tip Wenn Sie mehrere Pfannkuchen/Crêpes zubereiten, bleiben sie schön knusprig, wenn Sie sie in ein Tuch gehüllt warm halten.

Gefüllte Pfannkuchen mit Hähnchenfleisch

Zutaten für 4 Personen:
Für 4 Pfannkuchen von etwa 20 cm ∅ :
⅛ l Milch · 2 Eßl. Mineralwasser · Salz ·
40 g Mehl und 20 g Weizenvollkornmehl (oder
60 g Mehl) · 1 Ei
Für die Füllung: 250 g Hähnchenbrustfilets ·
Salz · 1 Schalotte · 5 Teel. Butter · 1 Eßl. trockener Weißwein · frisch gemahlener Pfeffer ·
4 Teel. Mehl · 1/16 l Milch · 1 Eigelb · ⅛ l Sahne

Für die Fertigstellung: 4 Teel. geklärte Butter (siehe Seite 6) oder Butterschmalz · 2 Eßl. geriebener Emmentaler Käse

Pro Portion etwa 1800 kJ/430 kcal
23 g Eiweiß · 28 g Fett · 18 g Kohlenhydrate

- Vorbereitungszeit: etwa 1 Stunde
- Ruhezeit: ½–1 Stunde
- Backzeit: etwa 30 Minuten

So wird's gemacht: Für die Pfannkuchen die Milch, das Mineralwasser, Salz und das Mehl in einer Schüssel mit dem Handmixer verrühren. Das Ei verquirlen und unter den Teig mischen. Den Teig ruhen lassen.
• Für die Füllung die Hähnchenbrustfilets in einem gerade passenden Topf mit Salzwasser bedeckt aufsetzen und 15–20 Minuten garziehen lassen. • Die Hähnchenbrustfilets aus der Brühe heben und in kleine Würfel schneiden. Von der Brühe ¹⁄₁₆ l abmessen. Die Schalotte schälen und kleinschneiden. • In einem Topf 2 Teelöffel Butter bei mittlerer Hitze heiß werden lassen und die Schalotte darin glasig braten. Die Hähnchenwürfel hinzufügen und bei starker Hitze durchbraten. Mit dem Wein aufgießen und diesen einkochen lassen. Mit Salz und Pfeffer abschmecken und die Hähnchenwürfel warm stellen. • 3 Teelöffel Butter bei starker Hitze heiß werden lassen. Bevor die Butter zu bräunen beginnt, das Mehl hineinrühren. Das Mehl bei schwacher Hitze Farbe nehmen lassen und die Milch nach und nach unterrühren. Die abgemessene Brühe hinzugeben. Die Sauce mit Salz

> **Mein Tip** Wenn Sie für den Pfannkuchenteig eine Mischung aus ⅔ Mehl und ⅓ Vollkornmehl (Weizen oder Vierkorn) verwenden, schmecken die Pfannkuchen zart, haben aber mehr »Biß«.

und Pfeffer abschmecken und vom Herd nehmen. Das Eigelb mit 3 Eßlöffeln Sahne verrühren und unter die Sauce mischen.
• Für die Fertigstellung die geklärte Butter bei schwacher Hitze zerlassen und 3 Teelöffel davon unter den Teig rühren. Eine beschichtete oder schwere Pfanne mit etwas zerlassener Butter auspinseln und bei starker Hitze heiß werden lassen. Ein Viertel der Teigmenge hineingeben und durch Schwenken der Pfanne gleichmäßig verteilen. Die Hitze auf mittlere Stärke reduzieren und den Pfannkuchen backen. Dabei den Rand von der Pfanne lösen und die Pfanne rütteln, damit der Pfannkuchen lose bleibt. Den Backofen auf 200° vorheizen. • Die Hähnchenfleischwürfel mit der Hälfte der Sauce und dem Käse vermischen. Nochmals kräftig abschmecken. Die restliche Sauce mit der restlichen Sahne verrühren. • Die Pfannkuchen nebeneinander auf eine Arbeitsplatte legen und die Hähnchenfüllung darauf verteilen. Die Pfannkuchen aufrollen und mit der Nahtseite nach unten in eine gebutterte flache Auflaufform legen. • Die Pfannkuchen mit der restlichen Sauce begießen, in den Backofen (Mitte; Umluft: 170°) schieben und etwa 30 Minuten backen.

Das paßt dazu: gemischter Salat und Salzkartoffeln

Variante: Gefüllte Pfannkuchen mit Fisch
Statt Hähnchenbrustfilets 300 g Fischfilet (Kabeljau, Rotbarsch, Seelachs) verwenden. Nach dem Aufgießen mit Weißwein ½ Teelöffel frisch gehackte Petersilie oder Estragon unterrühren. Nach Bedarf in der Pfanne 100 g Krabben mit erwärmen, dann aber nur 200 g Fischfilet verwenden.

Variante:
Gefüllte Pfannkuchen mit Truthahnfleisch
Statt Hähnchenbrustfilets Truthahnschnitzel verwenden.

Crêpes mit Champignonfüllung

Zutaten für 4 Personen:
Für 12 Crêpes von etwa 15 cm ⌀ : 125 g Mehl ·
2 Eier · Salz · ⅛ l Milch
Für die Füllung: 400 g Champignons ·
2 Schalotten · 1 Eßl. Öl · Salz · frisch gemahlener Pfeffer · 1 Knoblauchzehe · ⅛ l Milch ·
3 Teel. Butter · 4 Teel. Mehl · 1 Prise frisch geriebene Muskatnuß · Salz · frisch gemahlener Pfeffer · 1 Ei
Für die Fertigstellung: 1½ Eßl. geschmacksneutrales Öl · 1 Eßl. Butter · 50 g geriebener Gruyère/Greyerzer oder Emmentaler Käse
Pro Portion etwa 1900 kJ/450 kcal
18 g Eiweiß · 29 g Fett · 32 g Kohlenhydrate

- Vorbereitungszeit: etwa 40 Minuten
- Ruhezeit: 1–2 Stunden
- Garzeit: etwa 1 Stunde

So wird's gemacht: Das Mehl in eine Schüssel geben und in die Mitte eine Mulde drücken. Die Eier mit Salz verquirlen und in die Mulde geben. Mit dem Mehl gut verrühren und die Milch und ⅛ l Wasser mit dem Handmixer in kleinen Portionen unterarbeiten. Den Teig 1–2 Stunden quellen lassen.
• Inzwischen für die Füllung die Champignons putzen, waschen und in sehr kleine Stücke schneiden. Die Schalotten schälen und hacken. • Das Öl in einer Pfanne bei starker Hitze heiß werden lassen. Die Schalotten darin bei mittlerer Hitze glasig braten, die Champignons dazugeben und unter ständigem Rühren dünsten, bis alle Flüssigkeit verdampft ist; dann salzen und pfeffern. Die Knoblauchzehe schälen, mit einer Knoblauchpresse zerquetschen und unter die Champignons rühren. • Eine Béchamelsauce zubereiten: Die Milch erhitzen, aber nicht kochen lassen. • Die Butter in einem Topf bei schwacher Hitze zerlassen und das Mehl darin unter Rühren Farbe nehmen lassen. Die heiße Milch in kleinen Portionen zugießen und dabei mit dem Schneebesen schlagen, bis eine glatte Sauce entsteht. Die Sauce unter Rühren bei schwacher Hitze etwa 10 Minuten eindicken lassen und mit dem Muskat, Salz und Pfeffer abschmecken. Das Ei verquirlen und abseits vom Herd unterrühren. Die Champignons unter die Sauce mischen.
• Für die Fertigstellung den Crêpeteig mit 1 Eßlöffel Öl und 2 Eßlöffeln Wasser aufschlagen. • Eine beschichtete oder schwere Pfanne mit etwas Öl auspinseln und bei starker Hitze heiß werden lassen. Mit einem Schöpflöffel Teig einfüllen und diesen durch rasches Schwenken der Pfanne gleichmäßig dünn verteilen. Die Crêpe bei mittlerer Hitze backen. Sobald sie nach etwa 1½ Minuten auf der Unterseite goldgelb ist, mit dem Spatel wenden und auf der zweiten Seite fertig backen. Die Crêpe mit Pergamentpapier zugedeckt warm halten. • Auf diese Weise alle Crêpes backen. • Den Backofen auf 220° vorheizen. • Die Crêpes auf einer Arbeitsfläche ausbreiten und die Füllung auf ihnen verteilen. Die Crêpes einrollen und nebeneinander in eine gebutterte, flache feuerfeste Form legen. Mit dem Käse bestreuen, die Butter in Flöckchen darauf setzen und im Backofen (oben; Umluft: 190°) oder unter dem Grill etwa 15 Minuten backen, bis der Käse geschmolzen ist. • In der Form heiß servieren.

Das paßt dazu: gedünsteter Blattspinat und Backkartoffeln

Süße Hauptgerichte

Süße Pfannkuchengerichte als sättigende Hauptmahlzeiten haben in der deutschen wie auch in der österreichischen und Schweizer Küche eine lange Tradition. Viele dieser Gerichte gehören abgewandelt inzwischen auch schon zum festen Repertoire der Vollwertküche. Wie raffiniert diese aus Vollkornteig zubereiteten Pfannkuchen und Schmarrn schmecken können, zeigen die Rezepte in diesem Kapitel. Vor allem bei Kindern finden Sie damit großen Anklang.

Quarkplinsen mit heißen Himbeeren

Zutaten für 4 Personen:
Für die Himbeeren: 400 g Himbeeren · 2 Eßl. Zucker
Für 8 Plinsen von etwa 15 cm Ø : 80 g weiche Butter · 40 g Zucker · ½ abgeriebene Zitronenschale (unbehandelt) · 3 Eier · 500 g Magerquark · 150 g Mehl Ihrer Wahl · 100 g Korinthen nach Belieben · 4 Teel. geklärte Butter (siehe Seite 6) oder Butterschmalz · 4 Teel. Puderzucker
Pro Portion etwa 2800 kJ/670 kcal
27 g Eiweiß · 33 g Fett · 68 g Kohlenhydrate

- Vorbereitungszeit: etwa 30 Minuten
- Garzeit: etwa 30 Minuten

So wird's gemacht: Die Himbeeren waschen und abtropfen lassen. In einem Topf 4 Eßlöffel Wasser mit dem Zucker erhitzen und kochen lassen, bis das Wasser nahezu verdampft ist; dann sofort die Himbeeren hineingeben und bei schwacher Hitze im geschlossenen Topf erwärmen. Ein Viertel davon durch ein Sieb drücken und zurück zu den ganzen Früchten geben. Warm stellen.

- Für die Plinsen die Butter mit dem Handmixer schaumig rühren. Den Zucker und die Zitronenschale untermischen. Die Eier verquirlen und dazurühren. Den Quark und das Mehl untermischen. Die Korinthen mit heißem Wasser waschen, trockentupfen und untermengen. • ½ Teelöffel geklärte Butter in einer beschichteten oder schweren Pfanne bei starker Hitze heiß werden lassen und etwa 2 Eßlöffel Teig in die Pfanne geben. Zu einer dünnen Plinse glattstreichen und bei mittlerer Hitze von beiden Seiten goldgelb backen. In ein Tuch gehüllt warm halten. Auf diese Weise alle Plinsen backen. • Die Plinsen mit dem Puderzucker bestreuen und mit den heißen Himbeeren servieren. Vorher paßt eine Rindfleischsuppe mit Gemüseeinlage.

Vollwert-Kaiserschmarrn mit Schmorbirnen

Bei diesem Rezept ist es besonders wichtig, den Teig gut ausquellen zu lassen.

Zutaten für 4 Personen:
Für den Kaiserschmarrn: 150 g Weizenvollkornmehl (möglichst frisch gemahlen) · Salz · ¼ l Milch · ¼ geriebene Zitronenschale (unbehandelt) · 4 Eier · 50 g ungeschwefelte Rosinen
Für die Birnen: 4 reife saftige unbehandelte Birnen · 1 Eßl. Butter
Für die Fertigstellung: 8 Teel. geklärte Butter (siehe S. 6) oder Butterschmalz · 2 Eßl. Mineralwasser
Pro Portion etwa 2100 kJ/500 kcal
15 g Eiweiß · 24 g Fett · 57 g Kohlenhydrate

- Vorbereitungszeit: etwa 20 Minuten
- Ruhezeit: ½–1 Stunde
- Garzeit: etwa 30 Minuten

So wird's gemacht: Das Mehl mit Salz vermischen und mit der Milch sowie der Zitronenschale verrühren. Die Eier trennen. Die Eigelbe verrühren und mit dem Handmixer unter das angerührte Mehl geben. Den Teig ruhen lassen. Die Rosinen mit heißem Wasser waschen und trockentupfen.

• Die Birnen mit warmem Wasser gut waschen und abtrocknen. Die Birnen ungeschält vierteln und die Kerngehäuse ausschneiden. • Die Butter bei mittlerer Hitze in einer Pfanne zerlassen und die Birnen darin bei schwacher Hitze – zunächst mit der Schale auf den Pfannenboden gelegt – etwa 14 Minuten schmoren.

• Den Backofen auf 80° zum Warmstellen vorheizen und eine feuerfeste Form mit Deckel hineinstellen. • Die geklärte Butter zerlassen und etwas abkühlen lassen. Die Eiweiße zu Schnee schlagen. Den Teig mit dem Mineralwasser aufschlagen, die Hälfte der geklärten Butter oder das Butterschmalz unterrühren und den Eischnee unterheben. • Eine beschichtete oder schwere große Pfanne mit 2 Teelöffeln geklärter Butter ausstreichen und bei starker Hitze heiß werden lassen. Die Hälfte des Teiges hineinfüllen und die Hälfte der Rosinen darauf verteilen. Den Schmarrn bei mittlerer Hitze backen; dabei sorgfältig mit dem Spatel vom Pfannenrand und -boden lösen. Da Vollkornteig gerne anklebt, eventuell mit etwas Butter am Rand des Schmarrns entlangfahren und die Pfanne hin und her schütteln, um den Schmarrn locker zu halten. Sobald er oben fest ist und unten braun geworden ist, mit Hilfe eines Tellers wenden (Tip Seite 15). Den Schmarrn auf der zweiten Seite braun backen und mit zwei Gabeln in kleine Stücke reißen, dann in den Backofen (Umluft: 50°) in die geschlossene Form stellen, damit er etwas aufgeht. Die zweite Portion auf dieselbe Weise fertigstellen. • Den Kaiserschmarrn mit den Schmorbirnen auftragen.

Buchweizenpfannkuchen mit Birnen in Rotwein

Zutaten für 4 Personen:
Für 8 Pfannkuchen von etwa 20 cm ⌀ : 75 g Buchweizenmehl · 50 g Weizenvollkornmehl · 7 Eßl. Milch · Salz · 2 Eier
Für die Birnen: 2 große Birnen · ⅛ l herber Rotwein · 2 Gewürznelken · ¼ Zimtstange · 1 Eßl. Zucker · 1 Teel. Zitronensaft
Für die Fertigstellung: 8 Teel. geklärte Butter (siehe S. 6) oder Butterschmalz
Pro Portion etwa 1300 kJ/310 kcal
7 g Eiweiß · 11 g Fett · 39 g Kohlenhydrate

● Vorbereitungszeit: etwa 20 Minuten
● Ruhezeit: etwa 30 Minuten
● Garzeit: etwa 40 Minuten

So wird's gemacht: Für die Pfannkuchen das Buchweizenmehl und das Weizenvollkornmehl mit ⅛ l heißem Wasser, der Milch und Salz verrühren. • Die Eier verquirlen, unterrühren und den Teig ruhen lassen.

• Die Birnen waschen, schälen, halbieren und die Kerngehäuse ausschneiden. • Den Rotwein mit den Nelken, der Zimtstange und dem Zucker zum Kochen bringen. Die Birnen hineinlegen und bei schwacher Hitze im geschlossenen Topf etwa 10 Minuten garen. • Die Birnen aus dem Sud heben. Diesen durchsieben, nochmals erhitzen, bei mittlerer Hitze einkochen lassen und mit dem Zitronensaft und eventuell noch etwas Zucker abschmecken; dann die Birnen hineinlegen und warm stellen.

• Für die Fertigstellung in einer beschichteten oder schweren Pfanne 1 Teelöffel geklärte Butter bei starker Hitze heiß werden lassen. 1 Portion Teig einfüllen und einen messerrückendicken Pfannkuchen backen. Dabei den Pfannkuchen mit dem Spatel vom Rand her lösen und durch kräftiges Rütteln der Pfanne vom Boden lockern. Wenn der Pfannkuchen nach etwa 2 Minuten unten braun ist und oben Blasen wirft, wenden und auf der zweiten Seite backen. In ein Tuch gehüllt warm halten, bis auf dieselbe Weise alle Pfannkuchen gebacken sind. • Eventuell vor dem Servieren die Pfannkuchen nochmal kurz aufbraten und zusammen mit den Birnen reichen.

Kaiserschmarrn mit Zwetschgenröster
Bild nebenstehend

Zutaten für 4 Personen:
Für den Zwetschgenröster: 500 g Zwetschgen/ Pflaumen · 7 Eßl. trockener Weißwein · 80 g Zucker · ½ Zimtstange · 1 Gewürznelke · Saft von ½ Zitrone
Für den Kaiserschmarrn: ¼ l Milch · 120 g Mehl · Salz · 4 Eßl. Rosinen · 5 Eier · 8 Teel. geklärte Butter (siehe Seite 6) oder Butterschmalz · 1 Teel. Puderzucker
Pro Portion etwa 2300 kJ/550 kcal
15 g Eiweiß · 22 g Fett · 71 g Kohlenhydrate

● Vorbereitungszeit: etwa 20 Minuten
● Garzeit: etwa 30 Minuten

So wird's gemacht: Für den Zwetschgenröster die Zwetschgen waschen, abtrocknen, halbieren und entsteinen. • Den Weißwein mit 6 Eßlöffeln Wasser, dem Zucker, dem Zimt und der Gewürznelke bei starker Hitze aufkochen und dann bei mittlerer Hitze etwa 10 Minuten im offenen Topf kochen lassen. Die Zwetschgen hinzufügen und unter Rühren kochen, bis sich die Schale von der Frucht zu lösen beginnt und das

Fruchtfleisch weich ist. Sie können das Kompott heiß oder kalt servieren.
• Für den Kaiserschmarrn die Milch mit dem Mehl und Salz vermischen. Die Rosinen mit heißem Wasser waschen und trockentupfen. Die Eier trennen. Die geklärte Butter zerlassen und etwas abkühlen lassen. Die Eigelbe verrühren und mit dem Handmixer unter das angerührte Mehl mischen. Die Hälfte der geklärten Butter ebenfalls unterrühren. Die Eiweiße zu Schnee schlagen und unterheben. • Den Backofen zum Warmhalten auf 80° vorheizen und eine feuerfeste Form mit Deckel hineinstellen. • In einer beschichteten oder schweren Pfanne 2 Teelöffel geklärte Butter bei starker Hitze heiß werden lassen. Die Hälfte des Teiges etwa ½ cm hoch in die Pfanne geben und die Hälfte der Rosinen darauf verteilen. Den Schmarrn bei mittlerer Hitze auf der Unterseite goldbraun backen. Den Schmarrn mit Hilfe eines Tellers wenden (Tip Seite 15) und auf der zweiten Seite backen, dabei mit zwei Gabeln in kleine Stücke auseinanderreißen. • Im Backofen (Umluft: 50°) in der geschlossenen Form warm halten. Dabei geht der Schmarrn noch etwas auf. Inzwischen die zweite Portion backen und ebenfalls kurz zugedeckt im Backofen stehen lassen. • Mit Puderzucker bestreut auftragen und den Zwetschgenröster dazu reichen. Vorher paßt gut eine Tomatensuppe mit Reiseinlage.

Während der Zwetschgenröster kocht, können Sie den ▷ Teig für den Kaiserschmarrn rühren. Der Eischnee macht den Teig schön locker. Rosinen gehören unbedingt in den Schmarrn. Nach dem Wenden wird der Schmarrn zerteilt und mit den Zwetschgen serviert. Das Rezept für den Kaiserschmarrn mit Zwetschgenröster finden Sie auf dieser Seite.

Topfenpalatschinken

Bild nebenstehend

Topfenpalatschinken, mit Quark (Topfen) gefüllte Pfannkuchen (Palatschinken), sind eine
berühmte Spezialität der österreichischen Mehl-
speisenküche.

Zutaten für 4 Personen:
Für 4–5 Palatschinken: ¼ l Milch · 130 g Mehl ·
Salz · 2 Eier · 8 Teel. geklärte Butter (siehe Sei-
te 6) oder Butterschmalz
Für die Füllung: 250 g Magerquark · 3 Eier ·
50 g Rosinen · 40 g weiche Butter · 4 Eßl.
Zucker · Salz · ¼ abgeriebene Zitronenschale
(unbehandelt) · ⅛ l saure Sahne
Für die Fertigstellung: ⅛ l Sahne · 1 Eßl.
Zucker · 1 Teel. Puderzucker
Pro Portion etwa 3100 kJ/740 kcal
24 g Eiweiß · 47 g Fett · 55 g Kohlenhydrate

- Vorbereitungszeit: etwa 45 Minuten
- Backzeit: etwa 50 Minuten

So wird's gemacht: Die Milch mit dem Mehl
und Salz verrühren. Die Eier verquirlen und mit
dem Handmixer unterschlagen. Die Hälfte der
geklärten Butter zerlassen und abgekühlt unterrühren. • In einer beschichteten oder schweren

Pfanne 1 Teelöffel Butter bei starker Hitze heiß
werden lassen. Mit einem Schöpflöffel 6 Eßlöffel Teig einfüllen und durch Rundschwenken
der Pfanne gleichmäßig dünn verteilen. Die Palatschinke bei mittlerer Hitze unter kräftigem
Rütteln der Pfanne backen, zusätzlich am Rand
mit dem Spatel lösen. Sobald die Palatschinke
unten braun ist, mit Hilfe eines Tellers wenden
(Tip Seite 15). Die Palatschinke auf der zweiten
Seite ebenfalls goldgelb backen. Auf diese Weise alle Palatschinken backen und mit einem
Tuch bedeckt – übereinandergeschichtet – warm
halten. • Den Backofen auf 200° vorheizen.
• Für die Füllung den Quark durch ein Sieb
streichen. Die Eier trennen, 1 Eigelb für den
Überguß zurückbehalten. Die Rosinen mit heißem Wasser waschen und trockentupfen. Die
weiche Butter mit 2 Eßlöffeln Zucker, Salz, der
Zitronenschale und den Eigelben mit dem
Handmixer schaumig rühren. Die saure Sahne
und den Quark untermischen und die Rosinen
mit einem Löffel untermengen. Die Eiweiße mit
dem restlichen Zucker steif schlagen und unter
die Quarkmasse heben. Nochmals abschmek-
ken. • Die Palatschinken auf einer Arbeitsfläche
auslegen und die Quarkfüllung darauf verteilen
und glattstreichen. Die Palatschinken locker
aufrollen und mit der Nahtseite nach unten nebeneinander in eine gebutterte Form legen.
• Die Sahne mit dem restlichen Eigelb und
dem Zucker verquirlen und über die Palatschinken geben. Im Backofen (Mitte) etwa 30 Minuten backen (Umluft: 170°). • Mit Puderzucker
bestreut servieren.

Das paßt dazu: Zwetschgenröster (Rezept
Seite 36)

Variante: Vollwert-Topfenpalatschinken
Für den Teig 150 g Vollkornweizenmehl (möglichst frisch feingemahlen) oder Vierkornmehl
verwenden, mit ¼ abgeriebener Zitronenschale
aromatisieren und den Teig 1 Stunde quellen

◁ Die Topfenpalatschinken sind eine der bekanntesten
und beliebtesten Mehlspeisen aus Österreich. Sie sind
mit einer Quark-Eier-Mischung gefüllt und mit Sahne
überbacken. Rezept auf dieser Seite.

lassen. Zum Süßen statt Zucker Honig oder Zuckerrohrgranulat verwenden.

Zur Abwechslung die gefüllten Palatschinken in 2 gleich große Stücke schneiden und diese Röllchen wie Radspeichen in die Form schichten, wobei sie innen teilweise aufeinanderliegen.

Überbackener Pflaumenpfannkuchen

Dieser Pfannkuchen nach einem alten Hausfrauenrezept schmeckt besonders gut, wenn er unter dem Grill fertiggebacken wird.

Zutaten für 2 Personen:
⅛ l Milch · 60 g Mehl (oder 30 g Mehl und 30 g Vierkorn- oder Weizenvollkornmehl) · Salz · 2 Eier · 250 g Pflaumen (frisch oder aus dem Glas) · 2 Teel. geklärte Butter (siehe Seite 6) oder Butterschmalz · 2 Teel. Puderzucker
Pro Portion etwa 1400 kJ/330 kcal
13 g Eiweiß · 12 g Fett · 44 g Kohlenhydrate

- Vorbereitungszeit: etwa 30 Minuten
- Ruhezeit: 30 Minuten–1 Stunde
- Backzeit: etwa 15 Minuten

So wird's gemacht: Die Milch mit dem Mehl und Salz verrühren. Die Eier trennen. Die Eigelbe verquirlen und mit einem Handmixer unter das angerührte Mehl mischen. Den Teig ruhen lassen. • Kurz vor Beendigung der Ruhezeit den Backofen auf 220° vorheizen oder den Grill verwenden. • Die frischen Pflaumen waschen, aufschlitzen - aber nicht durchschneiden - und entsteinen. Die Pflaumen aus dem Glas abtropfen lassen. • Die Hälfte der geklärten Butter zerlassen und abgekühlt unter den Teig mischen. Mit 2 Eßlöffeln Wasser aufschlagen. Die Eiweiße steif schlagen und unter den Teig heben. •

Eine große schwere Pfanne mit feuerfestem Griff mit der restlichen Butter auspinseln - auch den Rand - und bei starker Hitze heiß werden lassen. Den Teig auf einmal hineingeben und die Hitze auf mittlere Stärke zurückschalten. Die Pflaumen mit der Schalenseite nach unten auf dem Teig verteilen. Sobald nach 1-2 Minuten die Unterseite leicht zu bräunen beginnt, den Pfannkuchen mit dem Puderzucker besieben und unter den heißen Grill oder in den Backofen (oben) schieben und etwa 3 Minuten überbacken (Umluft: 190°). • Sobald der Pfannkuchen aufgegangen und oben braun ist, herausnehmen, halbieren und auf vorgewärmten Tellern servieren.

Variante: Überbackener Kirschpfannkuchen
Statt Pflaumen Sauerkirschen verwenden.

Mein Tip Wenn Sie den Pflaumenpfannkuchen von beiden Seiten in der Pfanne backen möchten, geben Sie die Pflaumen mit der Schalenseite nach oben auf eine dünne Teigschicht und füllen den restlichen Teig auf. Statt der Pflaumen können Sie auch gemischte Beeren verwenden (Heidelbeeren, Johannisbeeren).

Schweizer Omelette mit Erdbeerquark

Anders als in die französische Omelette gehört in die Schweizer Omelette stets Mehl hinein. Sie wird mit Kompott oder wie in diesem Rezept mit Obstquark gefüllt. Sehr gut schmecken auch in den Teig eingebackene Kirschen.

Zutaten für 6 Personen:
Für den Erdbeerquark: 400 g Erdbeeren ·
100 g Zucker · Saft von ½ Zitrone · 400 g Mager-
quark · ½ abgeriebene Zitronenschale
(unbehandelt) · 3 Eßl. Milch oder Sahne nach
Belieben
Für die 6 Omelettes: 12 Teel. geklärte Butter
(siehe Seite 6) oder Butterschmalz · ⅜ l Milch ·
Salz · 190 g Mehl · 3 Eier · 6 Teel. saure Sahne
Pro Portion etwa 2000 kJ/480 kcal
18 g Eiweiß · 22 g Fett · 50 g Kohlenhydrate

● Vorbereitungszeit: etwa 30 Minuten
● Backzeit: etwa 30 Minuten

So wird's gemacht: Die Erdbeeren waschen, abtropfen lassen und vierteln. Den Zucker mit
¹⁄₁₆ l Wasser aufkochen lassen und dann bei
mittlerer Hitze einkochen lassen, bis das Wasser
nahezu verdampft ist. Den Zitronensaft hinzufügen und die Erdbeeren darin heiß werden lassen. ● Die Hälfte der Erdbeeren mit einer Gabel
zerdrücken. Die restlichen Erdbeeren zum Garnieren beiseite stellen. ● Den Quark durch ein
Sieb drücken und mit dem Schneebesen zusammen mit der Zitronenschale und nach Belieben
der Milch oder Sahne schlagen. Mit dem Erd-
beerpüree vermischen und etwas Erdbeersirup
(den restlichen Sirup zum Süßen von Getränken
verwenden) abschmecken.
● Für die Omelettes 6 Teelöffel geklärte Butter
bei schwacher Hitze zerlassen und abkühlen lassen. ● Die Milch mit Salz vermischen. ● Das
Mehl in eine Schüssel sieben. Die Eier trennen.
Die Eigelbe verquirlen und mit dem Handmixer
in das Mehl rühren. Die zerlassene Butter unterrühren. Die Eiweiße zu steifem Schnee schlagen
und den Eischnee unterheben. ● Jeweils 1 Teelöffel geklärte Butter in einer beschichteten oder
schweren Pfanne bei starker Hitze heiß werden
lassen und eine Portion Teig einfüllen. Die
Omelette bei mittlerer Hitze backen, bis sie unten goldgelb ist. Mit Hilfe eines Tellers wenden

(Tip Seite 15) und von der zweiten Seite bak-
ken. ● Die fertige Omelette auf einen vorgewärmten Teller legen, eine Hälfte mit Erdbeerquark bestreichen und die andere Hälfte dar-
überklappen. Von den ganzen Erdbeeren einige
Früchte obenauf legen und mit jeweils 1 Teelöffel saurer Sahne beträufeln. Die restlichen Omelettes genauso backen.

Variante: Schweizer Vollwert-Omelette
Verwenden Sie 200 g Weizenvollkornmehl
(möglichst frisch feingemahlen) für den Ome-
letteteig, und ersetzen Sie den Zucker durch
Akazienhonig.

Apfelpfannkuchen mit Zitronensaft

Sie können den Pfannkuchenteig für dieses Rezept auch mit nur 3 Eiern zubereiten; dann sollten Sie ihn mindestens 30 Minuten, besser noch
1 Stunde quellen lassen. Sonst kann es passie-
ren, daß der Pfannkuchen einen mehligen Bei-
geschmack erhält.

Zutaten für 4 Personen (ergibt 4 Pfannkuchen von
etwa 20 cm ∅):
¼ l Milch (oder ⅛ l Milch und ⅛ l Mineral-
wasser) · 120 g Mehl · 4 Eier · Salz · 4 säuer-
liche Äpfel · ½ Teel. Zimt · 1 Teel. Zucker ·
2 Teel. Zitronensaft · 3 Teel. Butter · 6 Teel. ge-
klärte Butter (siehe Seite 6) oder Butterschmalz ·
4 Zitronenachtel
Pro Portion etwa 1800 kJ/430 kcal
12 g Eiweiß · 22 g Fett · 44 g Kohlenhydrate

● Vorbereitungszeit: etwa 15 Minuten
● Ruhezeit: 10–30 Minuten
● Garzeit: etwa 40 Minuten

So wird's gemacht: Die Milch – oder die Milch-Mineralwasser-Mischung mit dem Mehl verrühren. Die Eier mit Salz verquirlen und mit dem Handmixer unter das angerührte Mehl mischen. Den Teig ruhen lassen. • Die Äpfel waschen, schälen, vierteln, vom Kerngehäuse befreien und in dünne (!) Scheiben schneiden. Die Apfelscheiben in einer Schüssel mit dem Zimt, dem Zucker und dem Zitronensaft vermischen. • Die Butter bei mittlerer Hitze heiß werden lassen. Die Äpfel darin bei schwacher Hitze unter häufigem Wenden anbraten, ohne daß sie Farbe nehmen. 2 Eßlöffel Wasser hinzugeben, und die Äpfel im geschlossenen Topf etwa 10 Minuten dünsten. • Nach Beendigung der Ruhezeit des Teigs 2 Teelöffel geklärte Butter zerlassen, abkühlen lassen und unter den Teig rühren. Mit 1–2 Eßlöffeln Wasser zu einem dünnen Eierkuchenteig aufschlagen. • Eine beschichtete oder schwere Pfanne mit etwas geklärter Butter auspinseln und bei starker Hitze heiß werden lassen. Ein Viertel der Apfelscheiben in der Pfanne verteilen und mit einem Viertel des Teigs bedecken. Dann den Pfannkuchen bei mittlerer Hitze von einer Seite goldgelb backen; dabei mit dem Spatel vom Rand lösen und die Pfanne rütteln, bis der Pfannkuchen locker in der Pfanne liegt. Eventuell vom Rand her etwas Butter nachgeben. Den Pfannkuchen auf einen flachen Dek-

kel oder Teller gleiten lassen, beziehungsweise die Pfanne erneut auspinseln und den Pfannkuchen von der zweiten Seite goldgelb backen (Tip Seite 15). • Den Pfannkuchen auf einem vorgewärmten Teller sofort servieren. Die Zitronenachtel zum Beträufeln dazulegen. Auf diese Weise alle Pfannkuchen zubereiten und einzeln sofort servieren.

Das paßt dazu: Zimt-Zucker oder mit Zitronensaft verrührter heißer Akazienhonig oder Zitronensorbet

> **Mein Tip** Der Pfannkuchenteig wird geschmeidiger und backt nicht so schnell an, wenn Sie zerlassene Butter oder Öl in den Teig rühren. • Besonders leicht wird der Pfannkuchen, wenn Sie statt Milch eine Mischung aus Milch und Mineralwasser oder nur Mineralwasser verwenden. • Die Teige gelingen Ihnen besonders gut, wenn die Zutaten zimmerwarm sind, bei Verwendung von Vollkornmehl lauwarm.

Variante: Vollwert-Apfelpfannkuchen
Den Pfannkuchenteig wie im Rezept beschrieben zubereiten; jedoch 150 g Vollkornweizenmehl (möglichst frisch feingemahlen) verwenden, den Teig ½ bis 1 Stunde ruhen lassen und dann mit 6 Eßlöffeln Mineralwasser aufschlagen. Statt Zucker Zuckerrohrgranulat oder Honig nehmen und ungespritzte, unbehandelte Äpfel mit Schale verwenden.

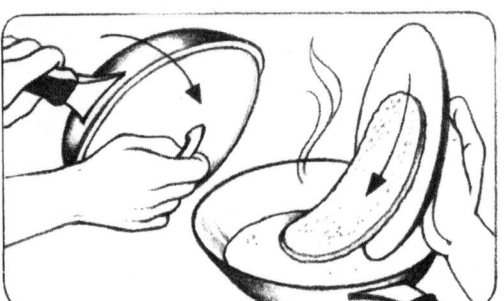

Mit Hilfe eines Tellers oder eines großen Deckels lassen sich auch schwere Omelettes leicht wenden.

Feine Palatschinken und zarte Crêpes als Dessert gereicht, geben einem Menü einen ganz besonderen Abschluß. Bei einem Gästeessen erreichen Sie einen wirkungsvollen Effekt, wenn Sie die Crêpes noch in der Küche flambieren und brennend zur Tafel tragen.

Österreichische Biskuit-Omelette

Für dieses Gericht benötigen Sie eine Pfanne mit feuerfestem Griff.

Zutaten für 2 Personen:
3 Eier · Salz · 1 Eßl. Mehl Ihrer Wahl · 1 Eßl.
Butter · 2 Eßl. Marillen-/Aprikosenmarmelade ·
1 Teel. Puderzucker
Pro Portion etwa 1100 kJ/260 kcal
10 g Eiweiß · 16 g Fett · 22 g Kohlenhydrate

- Vorbereitungszeit: etwa 10 Minuten
- Backzeit: etwa 5 Minuten

So wird's gemacht: Den Backofen auf 220° vorheizen. • Die Eier trennen und die Eiweiße mit Salz zu Schnee schlagen. Die Eigelbe verquirlen und mit dem Schneebesen unter den Eischnee mischen. Das Mehl unterrühren. • In einer beschichteten oder schweren Pfanne mit feuerfestem Griff die Butter bei starker Hitze heiß werden lassen. Bevor sie zu bräunen beginnt, die Omelettemasse hineingeben und bei schwacher Hitze an der Unterseite etwa 1 Minute anbacken. • Die Omelette in den Backofen (Mitte, Umluft: 190°) schieben und backen, bis die Oberseite leicht fest geworden ist. Das dauert etwa 3 Minuten. • Die Omelette aus dem Backofen nehmen, mit der Marmelade bestreichen, zusammenklappen und mit dem Puderzucker besieben. • Heiß auftragen.

Palatschinken mit Konfitüre und Schokolade

Rasch gefüllt sind diese Palatschinken. Der Konfitüre können Sie mit ½ Teelöffel untergerührtem Zitronensaft eine besondere Frische verleihen.

Zutaten für 4 Personen:
Für 8 Palatschinken: ⅜ l Milch · 200 g Mehl ·
Salz · 3 Eier · 8 Teel. geklärte Butter (siehe
Seite 6) oder Butterschmalz
Für die Füllungen: 80 g gute Konfitüre (Marillen-,
Aprikosen-, Johannisbeer-, Erdbeerkonfitüre) ·
Puderzucker · 80 g geriebene Schokolade (halb-
bitter)
Zum Bestreuen: 1 Teel. Puderzucker
Pro Portion etwa 2300 kJ/550 kcal
15 g Eiweiß · 24 g Fett · 66 g Kohlenhydrate

- Vorbereitungszeit: etwa 10 Minuten
- Ruhezeit: 10–30 Minuten
- Backzeit: etwa 20 Minuten

So wird's gemacht: Die Milch mit dem Mehl und Salz verrühren. Die Eier verquirlen und mit dem Handmixer unterschlagen. Die Hälfte der geklärten Butter zerlassen und abgekühlt unterrühren. Den Teig ruhen lassen. • In einer beschichteten oder schweren Pfanne etwa ½ Teelöffel geklärte Butter bei starker Hitze heiß werden lassen. Bevor sie zu rauchen anfängt, mit einem Schöpflöffel eine Portion Teig einfüllen und durch Rundschwenken der Pfanne gleichmäßig dünn verteilen. Die Palatschinke bei mittlerer Hitze unter kräftigem Rütteln der Pfanne backen. Die Palatschinke zusätzlich am Rand mit dem Spatel lösen. Sobald sie unten braun wird, mit Hilfe eines Tellers wenden und auf der zweiten Seite goldbraun backen. Auf

diese Weise alle Palatschinken backen und –
übereinandergeschichtet – in ein Tuch gehüllt
warm halten.

• 4 vorgewärmte Teller bereitstellen und auf jeden Teller jeweils eine (Palatschinke) legen, mit
20 g Konfitüre bestreichen und einrollen. Mit
etwas Puderzucker bestreuen. Daneben eine
zweite Palatschinke legen, mit 15 g Schokolade
gefüllt und eingerollt. Mit 5 g Schokolade bestreuen.

Das paßt dazu: Schlagsahne

Vollwert-Palatschinken mit Marillenkompott

Zutaten für 4 Personen:
Für 8 Palatschinken: ¼ l Milch · ⅛ l Mineral-
wasser · 150 g Weizenvollkornmehl (möglichst
frisch feingemahlen) · Salz · 2 Eier · 8 Teel. ge-
klärte Butter (siehe Seite 6) oder Butterschmalz
Für das Kompott: 500 g Marillen/Aprikosen ·
4 Eßl. Zuckerrohrgranulat oder 5 Eßl. Birnen-
dicksaft · ½ Vanillestange · bei Verwendung von
Zuckerrohrgranulat: Saft von ½ Zitrone
Pro Portion etwa 1600 kJ/380 kcal
11 g Eiweiß · 16 g Fett · 49 g Kohlenhydrate

● Vorbereitungszeit: etwa 30 Minuten
● Ruhezeit: ½–1 Stunde
● Garzeit: etwa 45 Minuten

So wird's gemacht: Die Milch mit dem Mineralwasser, dem Mehl und Salz vermischen. Die Eier verquirlen und mit dem Handmixer unterrühren. Die Hälfte der geklärten Butter zerlassen
und abgekühlt unter den Teig geben. Den Teig
ruhen lassen.
• Inzwischen die Marillen waschen, halbieren
und entsteinen. ¼ l Wasser mit dem Zuckerrohr-

granulat oder dem Birnendicksaft und der Vanillestange etwa 10 Minuten bei mittlerer Hitze
offen kochen lassen. • Gegebenenfalls den Zitronensaft unterrühren und die Marillen mit
Schale hineingeben. Bei schwacher Hitze etwa
7 Minuten offen ziehen lassen.

• In einer beschichteten oder schweren Pfanne
etwa ½ Teelöffel geklärte Butter bei starker Hitze heiß werden lassen. Bevor das Fett zu rauchen beginnt, mit dem Schöpflöffel eine Portion
Teig in die Pfanne geben und durch Rundschwenken gleichmäßig dünn verteilen. Die Palatschinke bei mittlerer Hitze backen. Dabei mit
dem Spatel vom Rand und vom Boden der
Pfanne lösen und diese kräftig rütteln. Bei Bedarf noch mit etwas Butter am Rand entlangfahren. Die Palatschinke mit Hilfe eines Tellers
wenden (Tip Seite 15), sobald sie unten braun
ist und von der zweiten Seite fertig backen. Auf
diese Weise alle Palatschinken backen und in
ein Tuch gehüllt – übereinandergestapelt –
warm halten. • Die Marillen aus dem Sirup
(diesen zum Süßen von Getränken verwenden)
nehmen, abtropfen lassen und in kleine Würfel
schneiden. Die Palatschinken damit füllen, einrollen und auf vorgewärmten Tellern servieren.

Das paßt dazu: Ein Püree aus Marillenkompott,
das Sie erwärmen und auf dem Servierteller
rund um die Palatschinkenrollen dekorativ verteilen können.

Mein Tip Zu Vollwert-Palatschinken
passen auch andere kleingeschnittene
Kompottfrüchte wie Sauerkirschen, Birnen oder Ananas, die Sie nach Belieben
noch mit 1 Eßlöffel Kirschwasser und etwas Fruchtsaft erwärmen können.

Einfache Crêpes – fünfmal schnell gefüllt

Zutaten für 6 Personen:
Für 18 Crêpes von etwa 15 cm Ø : 125 g Mehl ·
1 Teel. Vanillezucker · 2 Teel. Zucker · Salz ·
2 Eier · ¼ l Milch · 1½ Eßl. geklärte Butter (siehe
Seite 6) oder Butterschmalz · 2 Teel. Rum nach
Belieben
Für die Füllungen: Crème fraîche · zerlassene
Butter · aromatisierter Zucker (siehe Seite 6) ·
Konfitüre · Likör · Honig · Nüsse ·
Rum-Rosinen · Apfelmus
Pro Crêpe (ohne Füllung): 220 kJ/52 kcal
2 g Eiweiß · 2 g Fett · 6 g Kohlenhydrate

● Vorbereitungszeit: 10 Minuten
● Ruhezeit: 1–2 Stunden
● Backzeit je Crêpe: etwa 3 Minuten

So wird's gemacht: Für die Crêpes das Mehl in
eine Schüssel sieben und mit dem Vanillezucker,
dem Zucker und Salz vermischen. Die Eier verquirlen und alles mit einem Handmixer, später
mit einem Holzlöffel, zu einem festenTeig verrühren. Die Milch portionsweise mit dem
Handmixer untermischen, bis ein cremiger,
dickflüssiger Teig entstanden ist. 1 Eßlöffel geklärte Butter zerlassen und untermischen. Mit
dem Rum aromatisieren. Den Teig ruhen lassen. ● Dann den Teig mit 1 Eßlöffel Wasser aufschlagen. Eine beschichtete oder schwere Pfanne mit etwas geklärter Butter auspinseln und bei
starker Hitze heiß werden lassen. Etwa 2 Eßlöffel Teig in die Pfanne gießen und durch Rundschwenken gleichmäßig dünn verteilen. Die
Crêpe bei mittlerer bis starker Hitze backen.
Wenn sie unten braun ist und oben Blasen wirft,
mit dem Spatel wenden und von der zweiten
Seite backen. ● Sofort servieren. Die restlichen
Crêpes fertigstellen und wie beschrieben füllen.

1. Füllung: Die fertige Crêpe in der Pfanne mit
2 Teelöffeln Crème fraîche oder zerlassener Butter bestreichen, mit 2 Teelöffeln aromatisiertem
Zucker bestreuen und zusammenklappen.

2. Füllung: Die fertige Crêpe in der Pfanne mit
1 Eßlöffel guter Konfitüre bestreichen und zusammenrollen.

3. Füllung: Die fertige Crêpe in der Pfanne mit
1 Eßlöffel Likör (Grand Marnier, Calvados,
Cointreau) beträufeln und von allen Seiten wie
einen Briefumschlag zusammenfalten.

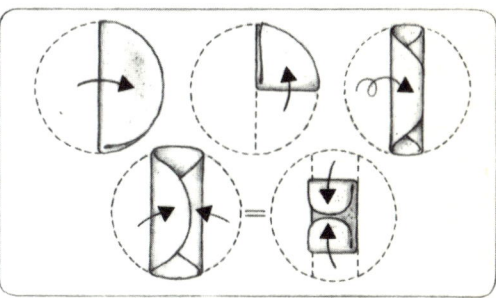

Es gibt verschiedene Möglichkeiten, Crêpes zu falten,
je nach Art der Füllung.

4. Füllung: Die fertige Crêpe in der Pfanne mit
2 Teelöffeln Akazienhonig beträufeln. Sie können den Honig auch erhitzen und mit 1 Teelöffel gehackten Nüssen oder Mandeln vermischen. Ausgezeichnet passen zusätzlich ½ Teelöffel Rum-Rosinen. Die Crêpes zweimal zusammenklappen, so daß ein Fächer entsteht.

5. Füllung: Die fertige Crêpe mit 1–2 Eßlöffeln
warmem Apfelmus bestreichen (sehr gut: mit
kleinen, in Butter gebratenen Ananasscheiben
vermischt) und zum Halbmond zusammenklappen.

Crêpe-Torte
Bild nebenstehend

Für diese Torte können Sie die Crêpes auch im voraus zubereiten, einfrieren und 1 Stunde vor der Zubereitung auftauen lassen. Zur Herstellung der Torte benötigen Sie eine Springform von etwa 20 cm Durchmesser.

Zutaten für 4 Personen:
Für 8 Crêpes von etwa 20 cm ∅ : 125 g Mehl (oder 100 g Mehl und 25 g Weizenschrot) ·
½ Teel. Vanillezucker · 2 Teel. Zucker · Salz ·
2 Eier · ⅛ l Milch · ⅛ l Mineralwasser · 1½ Eßl. geklärte Butter (siehe Seite 6) oder Butterschmalz · 1 Eßl. Cognac oder weißer Rum nach Belieben
Für die Füllung: 500 g Apfelmus · 80 g Erdbeerkonfitüre · 1 Teel. Zitronensaft
Zum Bestreuen: 1 Eßl. Puderzucker
Pro Portion etwa 1600 kJ/380 kcal
8 g Eiweiß · 9 g Fett · 67 g Kohlenhydrate

- ● Vorbereitungszeit: etwa 40 Minuten
- ● Ruhezeit: 1–2 Stunden
- ● Garzeit: etwa 1 Stunde

So wird's gemacht: Für die Crêpes das Mehl in eine Schüssel rieseln lassen und mit dem Vanillezucker, dem Zucker und Salz vermischen. Die Eier verquirlen und mit dem Handmixer, später dem Holzlöffel, zu einem festen Teigkloß verrühren. Die Milch und das Mineralwasser portionsweise mit dem Handmixer unterarbeiten und so den Teig verdünnen, bis er cremig und dickflüssig ist. 1 Eßlöffel geklärte Butter zerlassen und abgekühlt unterrühren. Mit dem Cognac nach Belieben aromatisieren. Den Teig ruhen lassen.
- ● Für die Füllung inzwischen das Apfelmus einmal aufkochen lassen und bei schwacher Hitze im offenen Topf etwa 1 Stunde einkochen

lassen, dabei ab und zu umrühren. Die Erdbeerkonfitüre mit dem Zitronensaft verrühren.
- ● Den Teig mit 1–2 Eßlöffeln Wasser aufschlagen. Eine beschichtete oder schwere Pfanne mit geklärter Butter auspinseln und bei starker Hitze heiß werden lassen. Bevor das Fett zu rauchen beginnt, mit dem Schöpflöffel eine Portion Teig einfüllen und durch Schwenken der Pfanne gleichmäßig dünn verteilen. Die Crêpe bei mittlerer bis starker Hitze backen. Wenn sie unten braun ist und oben Blasen wirft, wenden und von der zweiten Seite ebenfalls backen. Auf diese Weise alle Crêpes backen.
- ● Den Backofen auf 180° vorheizen. ● Die gebutterte Springform mit 1 Crêpe auslegen. Diese mit der Hälfte der Konfitüre bestreichen. Darauf wieder 1 Crêpe legen und mit der restlichen Konfitüre bestreichen. Die übrigen Crêpes – bis auf die letzte – daraufschichten und jeweils mit Apfelmus bestreichen. Die letzte Crêpe darauflegen, mit Puderzucker besieben und die Springform in den Backofen (Mitte, Umluft: 150°) schieben. Die Torte etwa 10 Minuten backen. Heiß servieren.

Das paßt dazu: Vanilleeis und Schlagsahne

Die beliebten Crêpes einmal als Torte serviert: ▷
Die Crêpes sind mit Apfelmus und Erdbeerkonfitüre bestrichen und im Backofen überbacken. Rezept auf dieser Seite.

Crêpes Suzette

Bild nebenstehend

Wenn Sie wollen, können Sie die Crêpes Suzette aber auch unflambiert servieren. Es lohnt sich auch, das Ganze einmal mit Mandarinenbutter statt mit Orangenbutter auszuprobieren.

Zutaten für 6 Personen:
Für 12 Crêpes von etwa 20 cm Ø : 125 g Mehl ·
Salz · 1 Teel. Vanillezucker (siehe Seite 6) ·
2 Teel. Puderzucker · 1 Ei · 1 Eigelb · ⅛ l
Milch · ⅛ l Mineralwasser · 1½ Eßl. geklärte
Butter (siehe Seite 6) oder Butterschmalz · 1 Eßl.
Curaçao
Für die Orangenbutter: 2 große reife Orangen
(unbehandelt) · 10 Stück Würfelzucker · ½ abge-
riebene Zitronenschale (unbehandelt) · 50 g wei-
che Butter · 50 g Puderzucker · 2 Teel. Curaçao
Für das Flambieren: 2 Schnapsgläser (4 cl)
Curaçao
Pro Portion etwa 1400 kJ/330 kcal
5 g Eiweiß · 13 g Fett · 47 g Kohlenhydrate

- Vorbereitungszeit: etwa 40 Minuten
- Ruhezeit: 1–2 Stunden
- Garzeit: etwa 45 Minuten

So wird's gemacht: Für die Crêpes das Mehl in eine Schüssel sieben. Salz und den Zucker hinzufügen und das Ei sowie das Eigelb verquirlt unterarbeiten – erst mit dem Handmixer, dann mit dem Kochlöffel. Den entstandenen Teigkloß

mit der Milch und dem Mineralwasser, die beide in kleinen Portionen mit dem Handmixer untergerührt werden, wieder verdünnen. 1 Eßlöffel geklärte Butter zerlassen und abgekühlt unter den Teig mischen. Den Curaçao unterrühren und den Teig ruhen lassen.
• Für die Orangenbutter die Orangen heiß waschen, abtrocknen und mit dem Würfelzucker abreiben, bis dieser rundum orangefarben ist. Den Würfelzucker auf einem Küchenbrett zerstoßen und mit der abgeriebenen Zitronenschale und nach Belieben noch mit zusätzlich abgeriebener Orangenschale mischen; dann in eine Rührschüssel füllen. Den Saft der Orangen auspressen. • Die Butter mit dem Puderzucker zu dem zerstoßenen Orangenzucker geben und mit dem Handmixer schaumig rühren. Den Orangensaft tropfenweise untermischen. Den Curaçao unterrühren.
• Für die Crêpes den Teig mit 1–2 Eßlöffeln Wasser aufschlagen. Eine beschichtete oder schwere Pfanne mit etwas geklärter Butter auspinseln und bei starker Hitze heiß werden lassen. 3–4 Eßlöffel Teig in die Pfanne füllen und durch Rundschwenken gleichmäßig dünn verteilen. Die Crêpe bei mittlerer Hitze backen. Sobald sie unten braun ist und oben Blasen wirft, mit dem Spatel wenden und von der zweiten Seite backen. Auf diese Weise alle Crêpes backen und in ein Tuch gehüllt warm halten.
• Die Orangenbutter in die Flambierpfanne geben und bei mittlerer Hitze heiß werden lassen, bis sie aufkocht. Sobald die Sauce leicht gebunden erscheint, die Crêpes nacheinander in die Sauce geben, einmal darin wenden, zweimal in der Mitte zusammenfalten, so daß sie einen Fächer bilden und in der Sauce dachziegelartig liegenlassen. Den Curaçao in einem kleinen Topf erhitzen, über die Crêpes gießen und mit einem Streichholz anzünden – dabei den Kopf zurückhalten. Das Feuer ausbrennen lassen und die Crêpes auf vorgewärmten Tellern verteilen. Mit etwas Sauce begießen.

◁ Sie können die Crêpes Suzette auch unflambiert servieren. Statt Orangenbutter schmeckt auch Mandarinenbutter sehr gut. Rezept auf dieser Seite.

Variante: Vollwert-Crêpes Suzette
Für den Teig statt Vanille- und Puderzucker
2 Teel. Zuckerrohrgranulat oder Akazienhonig
sowie ¼ abgeriebene Zitronenschale verwenden
und statt Mehl Weizenvollkornmehl (möglichst
frisch feingemahlen) benutzen. Den Teig mit etwa 4 Eßlöffeln Wasser aufschlagen. Für die
Orangenbutter 50 g Zuckerrohrgranulat mit der
abgeriebenen Orangen- und Zitronenschale vermischen. Ansonsten verfahren, wie im Rezept
beschrieben. Oder einfacher: Die Crêpes mit
unerhitzter Orangenbutter bestreichen und –
zum Fächer gefaltet – im vorgeheizten Backofen
warm halten, bis alle Crêpes fertig gebacken
sind. Heiß servieren – gegebenenfalls wie oben
mit heißem Curaçao oder Cognac übergossen
und flambiert.

Crêpes Georgette mit Ananaswürfeln

Zutaten für 4 Personen:
Für 8 Crêpes von etwa 15 cm ⌀ : 120 g Mehl
(oder 60 g Mehl und 60 g Weizenvollkornmehl) ·
1 Teel. Zitronenzucker (siehe Seite 6) oder
Vanillezucker · 2 Teel. Zucker · Salz · 3 Eier ·
⅛ l Milch · ⅛ l Mineralwasser · 1 Eßl. Kirsch-
wasser oder Rum nach Belieben · 1½ Eßl. geklär-
te Butter (siehe Seite 6) oder Butterschmalz
Für die Füllung: 300 g dünne Ananasscheiben ·
3 Teel. Zucker · 2 Teel. Kirschwasser nach
Belieben
Zum Bestreuen: Puderzucker nach Belieben
Pro Portion etwa 1300 kJ/310 kcal
10 g Eiweiß · 10 g Fett · 42 g Kohlenhydrate

- Vorbereitungszeit: etwa 20 Minuten
- Ruhezeit: 1–2 Stunden
- Backzeit je Crêpe: etwa 30 Minuten

So wird's gemacht: Für die Crêpes das Mehl in
eine Schüssel rieseln lassen und Zitronen- oder
Vanillezucker und den Zucker sowie Salz hinzufügen. 2 Eier trennen und die Eigelbe mit dem
restlichen Ei verquirlen; dann mit dem Mehl
vermischen, zunächst mit dem Handmixer, dann
mit dem Holzlöffel. Den entstandenen Teigkloß
nach und nach mit der Milch und dem Wasser
mit dem Handmixer zu einem cremigen Teig
verdünnen. Mit dem Kirschwasser oder Rum
vermischen. 1 Eßlöffel geklärte Butter zerlassen
und abgekühlt unter den Teig mischen. Den
Teig ruhen lassen.
• Für die Füllung die Ananasscheiben mit dem
Zucker bestreuen und mit dem Kirschwasser beträufeln. Alles vermischen und im Kühlschrank
ruhen lassen.
• Für die Fertigstellung den Teig mit 1–2 Eßlöffeln Wasser aufschlagen. Die Eiweiße zu Schnee
schlagen und unterrühren. • Eine beschichtete
oder schwere Pfanne mit etwas geklärter Butter
auspinseln und bei starker Hitze heiß werden
lassen. Bevor das Fett zu rauchen beginnt, etwa
2 Eßlöffel Teig einfüllen und durch Rundschwenken der Pfanne gleichmäßig verteilen.
1–2 Eßlöffel Ananasscheiben darauf verteilen.
Nochmals etwa 2 Eßlöffel Teig hinzugeben und
damit die Fruchtstücke bedecken. Die Crêpe bei
mittlerer Hitze backen, bis sie unten braun ist.
Mit dem Spatel wenden und von der zweiten
Seite fertig backen. • Auf einem vorgewärmten
Teller servieren. Mit etwas gezogenem Fruchtsaft beträufeln und nach Belieben zusätzlich mit
etwas Puderzucker bestreuen.

Mein Tip Crêpes schmecken umso
besser, je länger Sie den Teig ruhen lassen. Geben Sie nicht zu viel Zucker in
den Teig, sonst werden die Crêpes beim
Backen zu schnell braun.

Variante: Vollwert-Crêpes mit Birnenwürfeln
Den Teig mit Weizenvollkornmehl (möglichst frisch feingemahlen) herstellen und statt mit Zucker mit Zuckerrohrgranulat und 1 kräftigen Prise Zimt würzen. Statt Ananas ungesüßte Würfelchen von 1 großen vollreifen süßen Birne (ungespritzt und unbehandelt) verwenden.

Überbackene Crêpes mit Cremefüllung

Zutaten für 6 Personen:
Für 12 Crêpes von etwa 15 cm Ø : 125 g Mehl ·
1 Teel. Vanillezucker · 2 Teel. Zucker · Salz ·
2 Eier · ¼ l Milch · 1½ Eßl. geklärte Butter (siehe Seite 6) oder Butterschmalz · 1 Eßl. weißer Rum nach Belieben)
Für die Creme: ⅛ l Milch · ½ Teel. Vanillezucker · 2 Eigelbe · 20 g Puderzucker · Salz · 15 g Mehl
Für die Fruchtwürfel: 2 säuerliche Äpfel oder 1 aromatische Birne oder 200 g Ananas · 2 Teel. Butter
Zum Bestreuen: 2 Eßl. geriebene Schokolade (halbbitter)
Pro Portion etwa 1200 kJ/290 kcal
8 g Eiweiß · 13 g Fett · 34 g Kohlenhydrate

- Vorbereitungszeit: etwa 45 Minuten
- Ruhezeit: 1–2 Stunden
- Garzeit: etwa 1 Stunde

<u>So wird's gemacht:</u> Das Mehl in eine Schüssel sieben und mit dem Vanillezucker, dem Zucker und Salz vermischen. Die Eier verquirlen und mit dem Handmixer, später mit dem Holzlöffel, unterarbeiten, bis ein fester Teigkloß entsteht. Die Milch portionsweise mit dem Handmixer unterrühren, bis der Teig cremig und dickflüssig ist. 1 Eßlöffel geklärte Butter zerlassen und ab-gekühlt unter den Teig mischen. Nach Belieben mit dem Rum aromatisieren und ruhen lassen.

• Für die Creme die Milch mit dem Vanillezucker zum Kochen bringen. • Die Eigelbe mit dem Puderzucker in einer Schüssel mit dem Handmixer schaumig rühren. Salz und das Mehl untermischen. Dann die Milch nach und nach in kleinen Portionen unter ständigem Rühren unter die Eimasse schlagen. Die Creme in einen Kochtopf geben und bei schwacher Hitze unter ständigem Rühren einige Male kurz aufkochen lassen; dann erkalten lassen. Nach dem Kaltwerden umrühren, damit sich keine Haut bildet.

• Für die Fruchtwürfel die Früchte schälen. Die Kerngehäuse oder den Strunk entfernen und das Fruchtfleisch kleinwürfeln. • In einer Pfanne die Butter bei starker Hitze heiß werden lassen und die Fruchtwürfel – bevor die Butter zu bräunen beginnt – hineingeben. Bei schwacher Hitze etwa 5 Minuten braten, dabei wenden.

• Den Teig mit 1 Eßlöffel Wasser aufschlagen. Eine beschichtete oder schwere Pfanne mit etwas geklärter Butter auspinseln und bei starker Hitze heiß werden lassen. Bevor das Fett zu rauchen beginnt, etwa 2 Eßlöffel Teig einfüllen und durch Rundschwenken der Pfanne gleichmäßig dünn verteilen. Die Crêpe bei mittlerer bis starker Hitze backen. Sobald sie unten braun ist und oben Blasen wirft, mit dem Spatel wenden und auf der zweiten Seite backen. Auf diese Weise alle Crêpes backen. • Die Crêpes jeweils mit 2 Teelöffeln Creme bestreichen und mit 1 Eßlöffel Fruchtwürfeln belegen; dann zusammenrollen und in eine feuerfeste Form legen.

• Vor dem Servieren den Backofen auf 180° vorheizen. • Die Crêpes mit der Schokolade bestreuen, in den Backofen (Mitte, Umluft: 150°) schieben und überbacken, bis die Schokolade geschmolzen ist; das dauert etwa 7 Minuten. • Heiß oder warm servieren.

Vollwert-Crêpes mit frischen Früchten

Zutaten für 6 Personen:
Für die Füllung: 350 g frische Früchte (Erdbeeren;
Himbeeren; eine Mischung aus 1 Banane und
2 Kiwifrüchten) · 3 Teel. Zuckerrohrgranulat
Für 18 Crêpes von etwa 15 cm ∅ : 100 g Weizen-
vollkornmehl (möglichst frisch feingemahlen) ·
25 g grober Weizenschrot · 1 Teel. Zuckerrohr-
granulat oder Honig · abgeriebene Schale von
¼ Zitrone (unbehandelt) · Salz · 2 Eier · ¼ l
Milch · 4 Eßl. Mineralwasser · 1½ Teel. geklärte
Butter (siehe Seite 6) oder Butterschmalz · 2 Teel.
Kirschwasser oder weißer Rum nach Belieben
Für die Fruchtsauce: 5 Teel. Zuckerrohr-
granulat · 2 Teel. Kirschwasser oder 1 Eßl. Oran-
gensaft sowie ¼ abgeriebene Orangenschale (un-
behandelt)
Pro Portion etwa 700 kJ/170 kcal
7 g Eiweiß · 6 g Fett · 22 g Kohlenhydrate

- Vorbereitungszeit: etwa 20 Minuten
- Ruhezeit: etwa 2 Stunden
- Garzeit: etwa 30 Minuten

So wird's gemacht: Für die Füllung die Früchte waschen und abtropfen lassen – gegebenenfalls schälen und in dünne Scheiben schneiden. Die Früchte in eine Schüssel füllen und mit dem Zuckerrohrgranulat bestreuen. Vorsichtig durchmischen und zugedeckt im Kühlschrank etwa 2 Stunden ziehen lassen.

• Inzwischen für den Crêpe-Teig das Mehl in eine Schüssel rieseln lassen, den Weizenschrot hinzufügen und in die Mitte eine Vertiefung drücken. Das Zuckerrohrgranulat oder den Honig, die Zitronenschale und Salz hineingeben. Die Eier verquirlen und mit dem Handmixer, später mit dem Holzlöffel, zu einem festen Teigkloß verrühren. Die Milch und das Wasser por-

tionsweise untermischen, bis ein cremiger, dickflüssiger Teig entstanden ist. 1 Eßlöffel geklärte Butter zerlassen und abgekühlt, mit dem Kirschwasser und dem Rum unterrühren. • Den Teig etwa 2 Stunden ruhen lassen.

• Nach Beendigung der Ruhezeit für die Fruchtsauce das Zuckerrohrgranulat mit 2 Eßlöffeln Wasser bei starker Hitze aufkochen und einkochen lassen, bis fast alle Flüssigkeit verdampft ist. Den Sirup vom Herd nehmen. Sobald er etwas abgekühlt ist, mit dem Kirschwasser oder dem Orangensaft und der Orangenschale aromatisieren. Die Früchte mit einem Schaumlöffel in eine neue Schüssel umfüllen und den Fruchtsaft, der sich beim Ziehen gebildet hat, unter den Sirup mischen. Die Hälfte dieser Fruchtsauce über die Früchte träufeln.

• Für die Fertigstellung den Crêpe-Teig mit 1 Eßlöffel Wasser aufschlagen. Eine beschichtete oder schwere Pfanne mit etwas geklärter Butter auspinseln und bei starker Hitze heiß werden lassen. Etwa 2 Eßlöffel Teig in die Pfanne füllen und durch Rundschwenken gleichmäßig dünn verteilen. Die Crêpe bei mittlerer bis starker Hitze backen. Sobald sie oben Blasen wirft und unten braun ist, mit dem Spatel wenden und von der zweiten Seite backen. • Die Crêpe in der Pfanne mit etwa 2 Eßlöffeln Früchten belegen, von beiden Seiten zur Mitte hin klappen und auf einen vorgewärmten Teller gleiten lassen. Mit etwas Fruchtsauce beträufeln. Auf diese Weise alle Crêpes backen und füllen.

Das paßt dazu: Schlagsahne

Vierkorn-Crêpes aus dem Backofen

Sie können diese schnell gefüllten Crêpes flambiert oder nicht flambiert servieren.

Zutaten für 4 Personen:
*Für 12 Crêpes von etwa 15 cm ∅ : 1½ Eßl. geklärte Butter (siehe Seite 6) oder Butterschmalz ·
125 g Vierkornmehl · Salz · 1 Teel. Vanillezucker · 2 Teel. Zucker · 1 Ei · 1 Eigelb · ¼ l
Milch · 1 Eßl. Kirschwasser oder Orangenblütenwasser*
*Für die Füllung: 80 g rote Konfitüre (besonders gut: schwarze Johannisbeere) oder dunkelrotes
Gelee (Johannisbeer- oder Schlehengelee) ·
1½ Eßl. Kirschwasser oder Orangenblütenwasser*
*Für die Fertigstellung: Puderzucker · 2 Eßl.
Kirschwasser*
Pro Portion etwa 1200 kJ/290 kcal
8 g Eiweiß · 10 g Fett · 38 g Kohlenhydrate

- Vorbereitungszeit: etwa 30 Minuten
- Ruhezeit: 1–2 Stunden
- Garzeit: etwa 45 Minuten

So wird's gemacht: Die geklärte Butter zerlassen und abkühlen lassen. • Das Mehl mit Salz, dem Vanillezucker und dem Zucker in eine Schüssel füllen. • Das Ei mit dem Eigelb verquirlen und mit dem Mehl vermischen – zunächst mit dem Handmixer, dann mit dem Kochlöffel. Den festen Teigkloß dann mit der Milch, die portionsweise mit dem Handmixer untergerührt wird, wieder verdünnen. Die zerlassene Butter unter den cremigen, dickflüssigen Teig rühren. Mit Kirschwasser oder dem Orangenblütenwasser aromatisieren. Den Teig ruhen lassen.
• Für die Füllung die Konfitüre oder das Gelee mit dem Kirschwasser oder Orangenblütenwasser verrühren.

• Den Teig mit 1–2 Eßlöffeln Wasser aufschlagen. In einer beschichteten oder schweren Pfanne etwas geklärte Butter bei starker Hitze heiß werden lassen. Etwa 2 Eßlöffel Teig einfüllen und durch Rundschwenken der Pfanne gleichmäßig dünn verteilen. Die Crêpe bei mittlerer Hitze backen, bis sie unten braun ist und oben Blasen wirft. Mit dem Spatel wenden und auf der zweiten Seite backen. Auf diese Weise alle Crêpes fertig backen und auf einem heißen Teller, von einem Tuch bedeckt, warm halten. • Vor dem Servieren den Backofen auf 180° vorheizen. • Die Crêpes jeweils mit etwa 1 Teelöffel Konfitüre oder Gelee dünn bestreichen, einrollen und in eine feuerfeste Form legen. Für etwa 8 Minuten in den Backofen (Mitte, Umluft: 150°) stellen.
• Kurz vor dem Auftragen die Crêpes mit dem Puderzucker besieben. Das Kirschwasser in einem kleinen Topf erhitzen (nicht kochen), über die Crêpes gießen, mit einem Streichholz anzünden – dabei den Kopf zurückhalten. Brennend auftragen und ausbrennen lassen.

Das paßt dazu: Schokoladeneis und etwas Schlagsahne

Mein Tip Wenn Ihnen einmal beim Backen von Pfannkuchen, Palatschinken oder Crêpes etwas Teig in der Pfanne haften bleibt, müssen Sie diesen Rest unbedingt mit Küchenkrepp sauber entfernen, sonst gelingt alles, was Sie anschließend backen, nicht mehr. Je nach Pfanne kann es notwendig sein, diese auch nach dem Wenden erneut einzupinseln. Vor allem bei Vollkornteig oder bei Teig, in den Früchte eingebacken werden, ist dies leicht der Fall. In einer beschichteten Pfanne können Sie dagegen bei einiger Sorgfalt ganz ohne Fett auskommen.

Bayerischer Kirschenschmarrn

Zutaten für 6 Personen:
¼ l Milch · 125 g Mehl (sehr gut: halb Mehl,
halb Vollkornmehl) · Salz · 4 Eier ·
500 g Sauerkirschen · 8 Teel. geklärte Butter
(siehe Seite 6) oder Butterschmalz ·
4 Eßl. Mineralwasser · 4 Teel. Puderzucker
Pro Portion 1100 kJ/260 kcal
7 g Eiweiß · 13 g Fett · 28 g Kohlenhydrate

● Vorbereitungszeit: etwa 30 Minuten
● Ruhezeit: etwa 30 Minuten
● Backzeit: etwa 30 Minuten

So wird's gemacht: ● Die Milch mit dem Mehl und Salz verrühren. ● Die Eier trennen. Die Eigelbe verquirlen und mit dem Handmixer unter das angerührte Mehl mischen. ● Den Teig ruhen lassen. ● Inzwischen die Kirschen waschen und unbedingt entsteinen. ● Die Hälfte der geklärten Butter zerlassen und abgekühlt mit dem Mineralwasser unter den Teig rühren. Die Eiweiße steif schlagen und untermischen. ● Den Backofen zum Warmhalten auf 80° vorheizen. ● Eine große schwere Pfanne mit Butter auspinseln und bei starker Hitze heiß werden lassen. Den Schmarrn in zwei Portionen backen. Dafür den Pfannenboden mit Teig dünn bedecken und diesen kurz bei mittlerer Hitze anbacken lassen. Die Hälfte der Kirschen darauf verteilen und mit knapp der Hälfte des restlichen Teigs aufgießen. Sobald die Unterseite goldbraun ist, den Schmarrn wenden (siehe Tip Seite 15) und dabei erneut etwas Butter in die Pfanne geben. Den Schmarrn von der zweiten Seite backen und mit 2 Gabeln in mundgerechte Stücke auseinanderreißen. Zugedeckt im Backofen (Umluft: 50°) warmhalten. Die zweite Portion auf die selbe Weise backen und warmstellen. ● Vor dem Servieren mit dem Puderzucker bestreuen.

Buchweizenplinsen

Zutaten für 4 Personen (ergibt 16 Plinsen von
etwa 15 cm Ø):
125 g Buchweizenmehl · Salz · 1 Prise Zimt ·
100 g saure Sahne oder Joghurt · 1½ Eßl. geklärte Butter (siehe Seite 6) oder Butterschmalz
Pro Portion etwa 720 kJ/170 kcal
4 g Eiweiß · 7 g Fett · 23 g Kohlenhydrate

● Vorbereitungszeit: etwa 10 Minuten
● Backzeit je Crêpe: 3–4 Minuten

So wird's gemacht: Das Buchweizenmehl in eine Schüssel rieseln lassen und Salz sowie den Zimt hinzufügen. ⅜ l heißes Wasser portionsweise mit dem Handmixer ebenfalls unterrühren. 1 Eßlöffel geklärte Butter zerlassen und abgekühlt mit der sauren Sahne oder dem Joghurt untermischen.
● Eine beschichtete oder schwere Pfanne mit etwas geklärter Butter auspinseln und bei starker Hitze heiß werden lassen. Bevor das Fett zu rauchen beginnt, etwa 2½ Eßlöffel Teig einfüllen und durch Schwenken der Pfanne dünn verteilen. Die Plinse bei mittlerer Hitze backen. Sobald sie unten braun ist und oben Blasen wirft, mit dem Spatel wenden und von der zweiten Seite backen. So fortfahren, bis alle Plinsen gebacken sind. Heiß servieren.

Das paßt dazu: heiße Himbeeren

Rezept- und Sachregister

Kursiv gesetzte Seitenzahlen verweisen auf Farbbilder

Rezept- und Sachregister

Die Amerikanischen Frühstückswaffeln mit Bacon und Ahornsirup bieten zum herkömmlichen Frühstück eine überraschende Alternative. Rezept Seite 7. ▷